欧洲文化丛书

孙周兴 冯俊 主编

卫礼贤与汉学
首届青岛德华论坛文集

余明锋 张振华 编

商务印书馆
2017年·北京

图书在版编目（CIP）数据

卫礼贤与汉学：首届青岛德华论坛文集 / 余明锋，张振华编. — 北京：商务印书馆，2017
（欧洲文化丛书）
ISBN 978 − 7 − 100 − 15280 − 8

Ⅰ.①卫…　Ⅱ.①余…②张…　Ⅲ.①汉学 — 文集　Ⅳ.①K207.8-53

中国版本图书馆 CIP 数据核字（2017）第220022号

权利保留，侵权必究。

欧洲文化丛书
卫 礼 贤 与 汉 学
首届青岛德华论坛文集
余明锋　张振华　编

商 务 印 书 馆 出 版
（北京王府井大街36号　邮政编码 100710）
商 务 印 书 馆 发 行
上海华教印务有限公司印刷
ISBN 978 − 7 − 100 − 15280 − 8

2017年9月第1版　　开本 890×1240　1/32
2017年9月第1次印刷　印张 6.625

定价：32.00元

主　　编：孙周兴　冯　俊

主编助理：张振华　余明锋

编　委（按姓氏笔画为序）：

于雪梅　叶　隽　刘日明　孙周兴　孙宜学　汪民安
杨熙楠　吴建广　陆兴华　陈家琪　林子淳　郑春荣
赵　劲　赵千凡　赵旭东　胡春春　柯小刚　徐卫翔
梁家荣　韩　潮　谢志斌　辜学武

学术支持：

同济大学欧洲思想文化研究院

本书出版由 青岛德华文化研究中心（ZCDK） 资助
        同济大学欧洲思想文化研究院

总　序

欧洲曾经是一个整体单位。中古基督教的欧洲原是一个统一的帝国，即所谓"神圣罗马帝国"。文艺复兴前后，欧洲分出众多以民族语言为基础的现代民族国家。这些民族国家有大有小，有强有弱，也有早有晚（德国算是其中的一个特别迟发的国家了），风风雨雨几个世纪间，完成了工业化—现代化过程。而到20世纪的后半叶，欧洲重新开始了政治经济上的一体化进程，1993年11月1日，"欧盟"正式成立。至少在名义上，又一个统一的欧洲诞生了——是谓天下大势，分久必合，合久必分么？

马克思当年曾预判：要搞社会主义或者共产主义，至少得整个欧洲一起搞——可惜后来的革命实践走了样。一个统一的欧洲显然也是哲人马克思的理想。而今天的欧盟似乎正在一步步实现马克思的社会理想。虽然欧盟起步不久，内部存在种种差异、矛盾和问题，甚至有冲突和分裂的危险，但一个崇尚民主自由的欧洲，一个重视民生福利的欧洲，一个趋向稳重节制姿态的欧洲，在今天的世界上是有特别重要的地位和价值的。

马克思之后，欧洲文化进入到一个全面自我反省的阶段。哲人尼采发起的现代性文化批判尤其振聋发聩。而20世纪上半叶相继发生的两次世界大战，更是彻底粉碎了近代以来欧洲知识人的启蒙理性美梦和欧洲中心主义立场，从此以后，"世界历史"进入一个全新的阶段。但另一方面，我们也不得不看到，欧洲的哲学—科学—技术—工业—商业体系，至今仍旧是在全球范围内占统治地位的知识形态、文化形式、制度设计、生产和生活方式。这就是说，今天世界现实的主体和主线依然是欧洲—西方的。现代性批判的任务仍然是未完成的，而且在今天已成为一个全球性的课题。

欧洲已经是"世界历史性的"欧洲。有鉴于此，我们当年创办了"欧洲思想文化研究院"。也正因此，我们今天要继续编辑出版"欧洲文化丛书"，愿以同舟共济的精神，推进我国的欧洲文化研究事业。

孙周兴

2017年8月25日改写于海口

目 录

圣犬
——卫礼贤与德语现代文学刍议……顾彬著　余明锋译 / 3
　冯晓虎评论 / 13

卫礼贤的占卦实践……………………费乐仁著　张振华译 / 21
　司马涛评论 / 32

贤哲别东西，思澄终归一
——作为卫礼贤、辜鸿铭
　交谊纽带的孔子与歌德………………………叶　隽 / 37
　辜学武评论 / 80

卫礼贤的柏拉图批判
——"致中和"作为世界治理策略……………范　劲 / 89
　孙周兴评论 / 114

卫礼贤生命中的最后十年……………司马涛著　叶瑶译 / 125

论赫尔曼·凯泽林《一个哲学家的旅行日记》一书中的
　中国印象………………………………何心鹏著　高琳琳译 / 183

编后记 / 200

圣犬
——卫礼贤与德语现代文学刍议

圣 犬

——卫礼贤与德语现代文学刍议[1]

顾彬（Wolfgang Kubin）著

余明锋译

当我1996年愉快地接受主人[2]之邀，去参加定于1997年4月在特里尔（Trier）为他举办的"中西对话"会议，并就"唯有中国人理解中国"[3]发表演讲，我并未意识到，我的生活和思想会由于先前的准备而发生一次转折。在那之前，我就已经广泛关注德语文学当中的中国形象，然而我的各种研究在理论上只停留于域外文化研究

---

[1] 原文并非die moderne deutsche Literatur，而是die deutsche Moderne。根据正文，应理解为最广义上的现代德语文学，即包括了现代德语世界的哲学、心理学和狭义上的文学，等等。本文的"现代"概念则主要指20世纪，特别是卫礼贤对德语知识界产生了深刻影响的20世纪上半叶。——译注

[2] 指下文提到的卜松山（Karl-Heinz Pohl）。——译注

[3] 《"唯有中国人理解中国"——东西方理解问题》，载卜松山编：《全球化语境中的中国思想——中西哲学路径之间的一场对话》，Sinica Leidensia 45，莱登：布列尔等，1999年，第47—57页。

（Exotismusforschung）的水平。而现在所关系到的则是一种最广泛意义上的欧洲与中国的理解可能性，并且关系到一种哲学的端倪，这种哲学端倪自20世纪60年代以来在解释学名义下，作为一个学科在精神科学中逐渐赢得空间。自那以后，理解于我而言变得重要了，这种理解在根本上无法预先被设置，而是必须考虑到，在东西方的相遇中，这种理解的可能和不可能，甚而这种理解的被损害。

一

我不如从一个简单的例子开始。在我们这里，书籍仍然总是惯于带有一种自身无法兑现的普适要求。比如，苏黎世的英国语言文学家布朗芬（Elisabeth Bronfen）用她的研究《比白日思地更为深邃》[1]如其副标题所说承诺了一种"黑夜文化史"。可我们读到的，只与西方有关。欧洲以外的各种文化在她的考察中不占有任何位置。普适主义的理论与特殊化实践之间的这样一种公然矛盾，在当今的汉语学界是无法想象的：在汉语学界，人们在这种情况下，会在"文化史"这个词前面加上"中国"或"西方"之类字眼。

对理解的思考于我而言之所以变得如此重要，也因为这使我得以把极端女权主义和反抗性的后殖民主义相对化。这两个阵营过去都常常持

---

[1] 这本发行于慕尼黑瀚瑟（Hanser）出版社的著作其实完全有可能将目光投向邻邦。因为，在她于波恩大学举办的一场讲座之后，我曾将自己就"黑夜在中国"这一主题所做研究之一赠送给她。

有这种观点：只有女性可以理解女性，欧洲对一切陌生事物的理解都无法脱离帝国主义和殖民主义。每一种对他者的理解因此就自动地接近于专制和压迫。这两种学说都与一种理论相关，这种理论在很大程度上依赖法国当代哲学，因而多流于一种纯粹的语言游戏。卜松山因此常常将之戏讽为"速溶文论"[1]，此言不谬。

我今天在此重又就中国形象做一个简短的论述，并不是重蹈覆辙，而是要尝试为一个长久以来、太久以来充当（德国）汉学替罪羊的人争取公道。此人正是伟大的中国经典翻译家卫礼贤（Richard Wilhelm，1873—1930），一位心怀开明的救世倾向（Hang zur Weltverbesserung），并为此而操劳的汉学家。他对欧洲和中国的看法尽管带有倾向性，尽管如今会让许多人感到陌生，可我认为，只有不作为的人才不会授人以柄。某些汉学家之所以如今不会被人批判，是因为他既不站在中国一边，也不站在德国一边，他误以为存在着一种客观性，这种客观性无须介入争论，可以在任何时代公正地对待中国和德国。然而，前面提到的那位特里尔会议主人的著作，如《中国入门》[2]，却证明了解释学的根本所在：所有的理解都依赖历史，无论这历史是否为我们所支配。因此，我们要让自己进入历史，而这种"进入"总是一种可能陷入迷途的介入。无论如何，个体的"认信"（Bekenntnis）才让科学富有生机。卫礼贤是如此，卜松山也是如此。他们都努力将中国和德国带入一场决非单

---

[1] 卜松山：《论（中西）跨文化语境中对于各种理论的讨论——或：元理论方向上的一次门外尝试》，《柏林中国期刊》2002/23，第 41—53 页。

[2] 卜松山：《中国入门》(*China für Anfänger*)，弗赖堡：赫尔德，2008 年。

纯互相指责的彼此对话。

因此,我想重新考察卫礼贤,考察这位介入式汉学的祖先。为此有必要先回到域外文化(Exotismus)这一主题,因为只有这样我们才能体会他对20世纪德国精神的巨大影响。

二

我们常常以所谓的词句吻合或不吻合为标准,而极少以译者的翻译对其读者所发生的影响为标准,来评判翻译家们。如果没有卫礼贤,现代德语哲学、心理学和文学的一大部分都是难以想象的,迄今为止这都没有得到充分认识。比如海德格尔(Martin Heidegger,1889—1976),即便在遣词造句上,都多受卫礼贤《庄子》翻译(1912年)的启发。[1] 荣格(C. G. Jung,1875—1961)同样如此,他的原始类型学说受益于道家秘传和《易经》。[2] 再比如,文学家布莱希特(Bertolt Brecht,1898—1956)在1920年的《道德经》阅读给他带来巨大的美学和世界观震撼,可谓其生命与创作的一个影响终身的转折点。[3] 哥廷根日耳曼学家狄特林(Heinrich Detering,1959—)甚至认为,德波林(Alfred Döblin,

---

[1] 赖因哈特·迈伊(Reinhard May):《源于东方的光——东方影响之下的海德格尔著作》,斯图加特:斯坦纳,1989年,第15—16、46、57—58、71—72页。

[2] 荣格:《原始类型与集体无意识》(Die Archetypen und das kollektive Unbewußte),《文集》,杜塞尔多夫:瓦尔特,2006年,第九卷上,卫礼贤的名字和著作大量出现在索引和参考文献中。

[3] 亨利希·狄特林(Heinrich Detering):《布莱希特与老子》,哥廷根:华尔斯坦,2008年。

1878—1957）在读了卫礼贤版的《列子》（1912年）之后才开始立即着手为德语世界创作现代大都市小说。[1]

简言之，没有卫礼贤，现代德语文学是无法想象的。如果说一切现代都是被翻译的现代，如我们今天所知道的那样，那么情形就更是如此了。也就是说，陌生国度和陌生文化的作品，一旦被翻译，就立即影响了本国事务的政治和文化进程。就此可以举出许多德国知识分子，可我不想陷入单纯的列举，并轻易偏离问题，即转而去讨论，20世纪有哪位汉学家在世界范围内可谓发生了一种类似的影响。这个问题且留待他处。[2] 不过，我们倒是可以举出1981年诺贝尔奖得主卡内蒂（Elias Canetti，1905—1994）作为代表，没有终生对卫礼贤译本的阅读，他就不可能写出代表作《眩目》（Die Blendung，1935年）和《群众与权力》（Masse und Macht，1960年）。[3]

三

所以，我在此只想简要地举一个例子，聚焦在一个人身上，此人只有极少数人还有所耳闻。尽管他的小说《狂人鲍贝格》（Der Tolle

---

1 亨利希·狄特林：《布莱希特与老子》，哥廷根：华尔斯坦，2008年，第45—52页。
2 具体而言，是留待波恩大学和香港浸会大学的合作框架。我们已经与费乐仁（Lauren Pfister）一道制订了一个更大规模的卫礼贤研究计划，其中也涉及他对现代德意志精神的影响。
3 武宁（Ning Wu）：《卡内蒂与中国——源流，素材，陈述和解释》（Canetti und China. Quellen, Materiallen, Darstellung und Interpretation），斯图加特：学院出版社，2000年。

Bomberg，1923年）[1]曾两度被搬上银幕（1932年，1957年），自1923年来发行了50版，在世时获得巨大成功，可他的作者温克勒（Josef Winckler）如今除了在威斯特法伦（Westfahlen），几乎完全被遗忘。所以毫不奇怪的是，他那本遗著，以"中国圣犬"（1968年）为题的包含了38篇短篇小说的小说集[2]（只编辑了一半！）好像尚未引起任何注意。可即便汉学家也有必要重新发掘这位作家和他的作品，因为温克勒对中国的研究不仅深受卫礼贤的影响，而且他对"中央帝国"最初的兴趣当得益于他的同学和朋友，中国伟大戏剧的译者，洪德豪森（Hundhausen，1878—1955）[3]。如作者在言辞有力的前言中所交代的那样，温克勒和洪德豪森曾一同在莱茵河下游的肯佩（Kempen am Niederrhein）求学，就读于托毛尔姆文科中学（Gymnasium Thomäum，温克勒于1894至1899年就读于此），此后失去了联系，并且再未谋面。可尽管如此，这位约长三岁的朋友却曾邀请温克勒来中国，因为自1924年开始他以律师的身份长居北京。邀请之语甚为风趣，影射着温克勒的牙医本行：

---

1 约瑟夫·温克勒：《狂人鲍贝格——一篇威斯特法伦风格的流浪汉小说》，埃姆斯戴腾：雷希特，1986年，《文集》第二卷。

2 斯图加特：德意志出版公司，1968年。由汉斯·马丁·艾尔斯特（Hanns Martin Elster）从遗稿中编辑出版，并写有后记。来自莱茵-本特拉格（Rhein-Bentlage）的芭芭拉·布朗-舒尔特-维辛（Barbara Brunn-Schulte-Wissing）不断地提醒我注意这本书。她甚至还把莱茵城市图书馆作废书处理的一个版本交给了我。顺便说一句，作者的出生处就在本特拉格的萨里那（Saline），还有纪念碑立在那里。

3 有关洪德豪森的生平和著作，请参见哈特穆特·瓦尔拉芬（Hartmut Walraven），《文森·洪德豪森（1878—1955）：生平和著作》，东方学文献与档案6，威斯巴登：哈拉索威茨，1999年。

快随我来，做我的宫廷医生！你将得到一座自己的宫殿，妻妾随便挑，你可以完全专注于自己的艺术，医务附带做做……[1]

尽管不知是何缘故，温克勒并未接受这份邀请，可就作者终生对中国的研究以及前面提到的故事集的灵感来源而言，洪德豪森仍然是其两位精神上的父亲之一。另一位则是卫礼贤。

在温克勒和卫礼贤之间甚至还有第三条连接彼此的线索。我们的这位威斯特法伦本地作家，"安内特·冯·德罗斯特-徽尔斯霍夫（Annete von Droste-Hülshoff, 1797—1848）之后，威斯特法伦文学最重要的代表"[2]，在欧根·迪德里希（Eugen Diederichs）出版社编辑他的刊物《新地》，作为新地-基金会（1912年）的喉舌，而欧根·迪德里希正是卫礼贤的主要出版商。[3] 顺便说说，这个新地-基金会的主人是曾旅行中国的阿尔方斯·帕奎特（Alfons Paquet, 1881—1944）。

这与圣犬又有何关系呢？温克勒自1951年起，直至去世，都养有狮子狗（Pekinese），并于1953年开始在本斯贝格-弗兰肯福斯特（Bensberg-Frankenforst）开始动笔创作他的犬类故事。狮子狗本是宫苑宠物，专属中国的皇室，在帝国主义于1860至1900年间掳掠京城之后，来到了欧洲，在那儿得到了进一步的驯化。温克勒并不是第一位将这个

---

1 温克勒：《中国圣犬》，第7页。
2 这是维基百科上有关我们这位作家的一条出色评论当中的话：de.wikipedia.org/wiki/Josef_Winckler（2008年12月6日）。
3 海德勒（Irmgard Heidler）：《出版商欧根·迪德里希及其世界》，美因茨出版学研究8，威斯巴登：哈拉索维茨出版社，1998年，第584—597页。

人工品种作为文学主题的作家。在他之前已有其他作家详细描述过这些"小卫士",如埃德施米德(Kasimir Edschmid,1890—1966)在1923年已经写有《公牛和狮子狗》(Bullis und Pekingesen)。

温克勒的素材源于何处?《圣犬》富含信息的后记给出了两个来源:安娜·鲁陶舒(Anna Rottauscher,1892—1970)的《古代中国动物故事》(Altchinesische Tiergeschichten)[1]和一本被读得全然破旧不堪的《中国民间寓言》(Chinesischen Volksmärchen)[2]。富含信息的后记进而交代说:

> (因此)我们可以看到,温克勒以何种强度研究这个中国神话与传说的世界,不仅研究,而且化为己有。几百条下划线,无数的,然而可惜无法释读的笔记和写在扉页以及其他空白处的阐述,所有这些揭示了创作者如何全然沉浸于这个魔幻的、充满动物和诸神寓言的世界,这个精灵鬼怪、巨龙、皇帝、将军、后宫、阉人和奴隶、女仆、孩子,以及艺术家和诗人的世界。

尽管编者汉斯·马丁·艾尔斯特(Hanns Martin Elster)对此津津乐道,用当今澄澈的眼光来看,读者或许首先会对这些语言华丽的"逗笑娱情的小狗"故事持一定的保留。温克勒无疑是一位德语大师,不过他

---

[1] 出版于维也纳,内夫(Neff)出版社,1955年。
[2] 这是后记中交代的(20 000至29 000册,卫礼贤翻译和导论,带有23幅中国木刻[耶拿:迪德里希,1921年]),第350页。

在这里似乎有些过头了，无论是在语言上还是在形式上。他把自己读到的一切混合起来，任意地弄成一个大杂烩。尽管语言充满了巴洛克式的丰盈，读者还是时常会有这样一种印象，即感受到一种新的中国风（Chinoiserie）。尽管如此，这部有着美丽插图的作品通篇贯穿着一种精微的幽默，如果有人能够声情并茂地高声朗读，这些奢华犬类的故事永远都能博君一笑。书中谈到"一家明矾和肉桂销售垄断公司的头目，这头目如奶酪般软塌塌的，这家公司还有麝香和大黄分部"，"来自一家养鸡场的小姐"，"好几艘中国式帆船的通信会员"，等等。[1] 讲述者总是对狮子狗的本质以及人类对它们的特殊对待有着深刻的洞察。比如我们可以读到：

> 他们受不了粗糙的对待，因为他们生性敏感。每一条狮子狗都有着不安而高贵的线条，特别是在它微微隆起的背部，这使他有别于较为粗鲁的无赖，他那厚厚的皮毛也让他看起来仿佛廷臣，下雨天他喜欢坐轿子，特别是铺有锦缎的紫檀轿子，他从不拒绝陪伴那些最美的后宫佳丽，因而可以看到她们迈着莲步带他散步！凝乳拌豆子、芹菜和鸽蛋、笋心炖鱼汤、油炸糕点、油炸栗子、猪肉丸子和大枣，他都统统鄙视，他只钟情于剁成细碎的新鲜羚羊肉，当然不要内脏，除非是蒸过的羚羊肝。

---

1 温克勒：《中国圣犬》，第 14 页及下页。

如此等等。全书在根本上系于一种幽默，而这种幽默又可以被理解为讽刺。可讽刺的对象是谁或者是什么呢？这个问题的答案是后人的任务了。我在此只提出一个论点。

在过去几年，域外文化研究尽管研究了全部德语文学中的中国形象，却还很少追问，译者通过语言和形式在多大程度上影响了作品，不只是德语文学作品。因为，如果想要真正理解一位像卡内蒂或布莱希特那样的作家，就必须得把他们的作品和汉语作品的德语翻译放在一起研究。顺便提一句，类似的做法也适用于现当代汉语文学，在一种被翻译的现代的框架中，如果没有或明或暗地源自其他语言和文化的榜样，这种文学是不可能打开国门的。

我由此提出自己的论点：每一种好的翻译都会带来结果，只有通盘考虑其接受史，才能校验其结果。因此，译者在文化交流中扮演着绝非无足轻重的角色。译者毋宁本质性地参与了世界的革新。

卜松山也作为译者开始他的汉学事业。他如今已经转移到对话中来，这并不是一种损失，因为对话只是翻译在另一种形式中的继续。就此而言，翻译学和解释学是相互交错的。

冯晓虎评论

我来青岛是因为孙兴和叶隽。我非常愉快地接受了点评顾彬先生的报告的任务。因为我认识顾彬先生已经很长很长时间了。这个时间长于他知道的时间。1980年那个时候，在座的大多数还没有出生，四川外语学院（现在叫四川外国语大学）举办了一个"席勒与中国"国际研讨会。顾彬先生，那个时候还是一个很年轻的帅哥，他去了（顾彬先生插话：应当是1985年）。我那个时候还是大二的学生。我们是那个时候认识的。现在他已经退休了，我也向着退休的道路去了。这是我首先要交代的，我为什么要来以及我为什么要点评顾彬先生的报告。

第二点，我想问后面坐着的同学都是哪个系的？哲学，历史和德语系的是吧。我很惊讶的是，我今天来了，发现有这么多人。因为孙周兴跟我说的时候，我以为就是个workshop（工作坊）。结果来的时候发现阵仗这么大，我就吓了一跳。我差点穿个短裤，穿个T恤衫就来了。我是出门之前想万一出现意外，所以拿了一条长裤，一个长衬衫。我想说，我感到特别惊讶的是，我发现同学们都听得很专心。尤其是我们德语系的同学，我们是靠德国文化吃饭的，它是我们的饭碗。但是你们一定要明白，你们的立身之本是中国文化。刚才两位国外著名的汉学家，他们的汉语说得多好。他们不仅汉语说得好,他们用汉语写的论文超过我们当今绝大多数中国教授写的论文。所以你们要知道,真正能够让你们以后走遍世界的,是中国文化。如果你作为一个中国人,中国文化你都不知道,你还搞啥?所以我看到你们这么努力地在听报告,我特别高兴。我觉得我们这些做教育的人真的没有白忙。我带研究生主要是两个方向,一个是语言学,一个是经济德语。但是实际上,所有的人我都让他们看中国的典籍。

刚才顾彬先生讲翻译是两种文化之间的对话,我深以为然。我经常被人家出巨资,要求我做翻译。真的是巨资,很多钱。我是大概从35岁之后就拒绝做翻译了。因为我发现翻译不是人干的。翻译是圣人干的。顾彬先生刚才说圣犬,实际上翻译是圣人做的事情。为什么呢?我们中国做翻译是不算学术工作量的。首先稿费很低。创作来说的话,我最高的稿费拿过一个字两块钱。我写1万字是2万块钱。翻译呢,特别特别给我面子的人翻译千字给我100块钱。然后学校说所有翻译的东西都不算科研工作量。所以只有真正热爱的人,才会去做翻译。

刚才顾彬先生说翻译是一种对话,我深以为然。我的疑问是,有对话吗?如果是一个中国人和一个德国人在对话,那么中国人一定是从中国的立场来说,德国人一定是从德国的立场来说。所以要做到真正的对话是非常不容易的。刚才顾彬先生提到萨义德,实际上很多中国学者也认为萨义德说得并不对。不是大部分中国学者都觉得萨义德说得很好,因为他反对西方中心主义,于是他说的都是对的。刚才顾彬先生说,他不承认他是西方人,他说自己是欧洲人。你们知道顾彬先生在这一点上他跟谁处于同一水平线上吗？他跟爱因斯坦是一个水平线上的。爱因斯坦他说过一段话，他说我不理解什么叫资本主义和共产主义。我宁愿认为它是东西方对于世界权力的一种争夺。但是因为地球是圆的，所以谁是西方也说不清楚。因为我写过关于爱因斯坦的一篇文章，所以我知道这句话。所以我们把世界分为东方和西方本身就有问题。基督教文化是亚洲文化，大家要记清楚。它发源于伯利恒，发源于以色列，以色列在亚洲不在欧洲。一般人大家说说没关系，但是如果我们要做研究，我们要做文化上的研究，文化上的讨论，我们首先脑袋要清楚。轻易地定义一个对象是为了更快地理解它，但并不等于这一定是正确的。

还有一个问题，刚才顾彬先生讲到卫礼贤在德国的学术界有很长一段时间是不被承认的，有很长一段时间是被学界唾弃的。如果我是卫礼贤的话，我不在乎。我不在乎我的文章有没有人看。我不在乎我的书有没有印数。我是一个翻译家，我是一个作家，我的书写出来了，它印出来了，任务就完成了。它是不是能生存下去，是不是有人来看，并不取决于我。我也不受这个影响。曹雪芹写《红楼梦》，有几个人承认？当时在北京城里面，是作为最下作的、最下流的文人而知名的，饭都吃不饱。我们想想我们中国文化到现在，如果没有《红楼梦》，我们拿什么去跟人家比？如果德国人跟我们说我们有《浮士德》。那么我们说我们有什么？幸好我们还可以说：我们有《红楼梦》。所以我个人认为翻译是非常重要的，是圣人干的活。

刚才顾彬先生也讲到，翻译的书一般要看什么？要看是谁翻的。孙周兴就翻译了很多德国的哲学。我比较知道他翻的尼采。他翻译的《查拉图斯特拉如是说》。《查拉图斯特拉如是说》有很多译本。但我的学生要看参考书,我就说你们要买孙周兴的那个译本。为什么?不是因为我跟他关系好。你们去看他译《查拉图斯特拉如是说》的时候,有很多注释。尼采写这个《查拉图斯特拉如是说》他是有道理的。他从洞中醒来了,然后他走下山去,我看所有的译本都没有解释。实际上这句话是模仿的耶稣。圣经说耶稣走下山去,他走进耶路撒冷。所以你们看任何书一定要看译者。德国人看译者他一定要看顾彬。

至今为止,我只想过要翻译的一本书,是甲柏连孜(Gabelentz)的《汉文经纬》(*Chinesische Grammatik*)。我是真想翻。有德国机构已经答应考虑给我多少多少万欧元,组织一批人来翻。结果我正摩拳擦掌准备要翻的时候,这本书的中文版已经出版了,是北外的老教授姚小平老师翻的。翻得非常好,而且姚小平老师一分钱都没挣。我说你这个可以去申请资助,拿点儿钱啊。他说我不要啊,我钱够用啊,我申请啥资助?他一个人翻的。我是想搞一个队伍,有搞汉语的,有搞其他语言的,大家共同来翻译。所以我在这个问题上特别佩服姚老师。姚小平老师在这件事情上对我的教育非常大。我做不了这样的人。因为我的红尘杂事太多了。但是我佩服这样的人,我希望我们后边的同学们今后有人敢做这样的事。就像顾彬教授讲的那样,你翻译了一本书,你写了一本书,100年以后还有人看。我说这个话的时候我都起鸡皮疙瘩,我是很激动的。我们今天的知识分子跟20世纪开始时的知识分子比,差距有十万八千里。你们知道为什么吗?因为那个时候所有从国外回来的人都是说"我要救中国!"我们现在所有从国外回来的人都说"老子要发财!"当然国家所处的境地不一样，发财也没什么错，我也不是穷人，现在也没有救中国的问题，但是尽管如此，我们活了100年，我们又活回去了。所以我就尤其佩服像顾彬先生这样子的人，像姚小平教授这样子的人。你跟他说你可以去搞点钱嘛。他说我不要钱，我要钱干吗？当然，他本身就是教授，他有房子，有车，他活得下去，这跟年轻人的情况不一样。尽管如此，那我们有很多老教授，天天不是都看着钱吗？我也算老教授了现在，头发白了，我也天天看着钱啊！我说的意思就是，我们费了这么半天，周兴费这么大劲，把大家搞到一起来，其实最重要的不是我们几个人在小圈子里头，大家互相表扬一下。实际上，更重要的是我们后面的同学，你们要学到学术是怎么做的。你们要看到是不是我自己将来应该要变成这样子的一个人。而这可能才是我们这些老年人在这里声嘶力竭的叫喊所起到的作用。

我的话完了，谢谢大家！

卫礼贤的占卦实践

卫礼贤的占卦实践

费乐仁（Lauren F. Pfister）著

张振华译

一　历史与汉学方面的引言：
简论1914年之前卫礼贤在青岛的生活和工作

卫礼贤[1]在1899年抵达在胶州的德国殖民地[2]。从1910年开始直至1930年逝世，卫礼贤在德国耶拿的欧根·迪德里希出版社出版了一系列对中国经典和准经典的德语翻译。其中的第一本译著即《论语》。凭这部译著，卫礼贤在1911年获得了耶拿大学的荣誉神学博士学位。这意味着国际知名度和学术上的认可。由于这部译著广受好评，卫礼贤获得了信心，在随后两年中他进一步翻译了一组不同寻常的作品：老子的《道德经：有关意义与生活的老者之书》（耶拿：欧根·迪德里希出版社，

1　首先在胶州住的德国来华的牧师叫"尉礼贤"，只在1924年中运用"卫"这个姓。然而为了方便读者，笔者在这篇文章中继续以"卫"姓的称谓提及这位人物。详见下注。

2　笔者之后将直接使用21世纪的地名"青岛"，虽然从历史上讲至少对于笔者所讨论的部分时期而言，这个地名是不正确的。

1911年);列子的《冲虚真经:哲学家列御寇和杨朱的学说》(耶拿:欧根·迪德里希出版社,1911年);庄子的《南华真经》(耶拿:欧根·迪德里希出版社,1912年)。卫礼贤旅居青岛的第一个十年似乎更多地具有儒家倾向。此前十年,他已经在一些杂志上开始出版有关儒家传统的文本的德文介绍。[1] 他作为教师为年轻男孩亲自创办了一所德文学校,即礼贤书院。而他的夫人卫美懿(Salome Wilhelm)在1905年又继而为年轻女孩创办了一所学校,即美懿书院。然而在1910年之后,从出版上看很清楚的是,卫礼贤自己的兴趣转向了道家和其他传统,并且将此倾向保持了至少3至4年。[2]

然而,除开这些简单的历史和文献事实之外,是文化和国际现实方面的巨大变革:国内科举考试中原本占优势的儒家影响在1905年戛然而止,而推翻满族人领导的清帝国的第一场中国革命在1911年取得了胜

---

[1] 他的第一篇杂志文章有关《三字经》,发表于《远东》(*Ferner Osten*)第1卷,第2期(1902年),第169—175页。之后在1904年,他在《传教消息与宗教学杂志》(*Zeitschrift für Missionskunde und Religionswissenschaft*)发表了《圣谕》(*Das heilige Edikt des Kaisers Kang Si* [《康熙皇帝的圣旨》])的德译文。1905年,他继为同一本杂志写作有关第一次翻译《论语》的文章。之后又在1908年和1909年写了几篇有关"孔子"的文章,前者发表在《普鲁士年鉴选摘》(*Sonderabdruck aus den Preussischen Jahrbüchern*),后者《孔子的意义》("Die Bedeutung des Konfuzius")再次发表在《传教消息与宗教学杂志》第24卷,第3期(1909年),第66—72页。他研究的最初十年的儒家倾向是明白无误且始终如一的。

[2] 他下一部翻译为德文的儒家主要著作是《孟子》(耶拿:欧根·迪德里希出版社,1916年)。他对孟子这个人的提及,在后传统中国文化的语境中,在对儒家圣贤的"世俗化"的部分承认过程中,是否是一种行动?多年以后,"文化大革命"之后,尤其是冯友兰在20世纪七八十年代撰写的受马克思主义者影响的中国哲学史中,这成了对传统中国主要文本的有意识的批判。

利。卫礼贤所崇拜并以"尉礼贤"这个名字所翻译的那个世界不再具有自治权。[1] 很多中国人从1911年开始对与儒家传统相关的生活形式加以拒斥，包括那些并未在传统的学习机构中取得成功的那些人。虽然卫礼贤本人醉心于传统中国的经典、组织和智慧，虽然一部分清王朝的前任精英作为知识分子流亡者逃亡到卫礼贤和他们一起生活和工作的胶州的德国殖民地，对于很多中国人而言，"中国文化"已经进入到了其文化史上后传统阶段的开篇。

在这一大的文化框架下，再加上"世界大战"（我们简称其为一战）的开始，所有这些大事变自然阻碍与分散了卫礼贤的学术活动的产出。1914年，青岛的情况已经发生了改变，这种改变是只有战争才有可能做到的。[2] 日本已经向德国宣战，因此在1914年深秋，日本武装力量攻击了我们今天称之为青岛的地方，并最终取得胜利将其转变为自己的殖民地。[3]

---

[1] 我们在此可以指出的是，一直到1924年易经的出版，Richard Wilhelm 的第一个名字"尉礼贤"始终是他所有中文出版物的中文名字。在易经中他第一次使用了"卫"的姓以取代"尉"。这一变化的意义是值得在另外的语境下加以深究的。本文作者先前在其他有关卫礼贤的文本中讨论过这一问题。

[2] 卫礼贤在《来自1914年世界大战期间青岛的艰难岁月：卫礼贤博士青岛围困时期的日记》(*Aus Tsingtaus schweren Tagen im Weltkrieg 1914: Tagebuch von Dr. Richard Wilhelm während der Belagerung von Tsingtau*, 柏林：胡腾出版社，1915年)(中译出版名为《德国孔夫子的中国日志：卫礼贤博士一战青岛亲历记》，秦俊峰译，福建教育出版社，2012年。——译注)中做了记录。

[3] 如历史学家所提醒我们的，新的中国政府在稍后的1917年也对德国宣战。但这已经无法改变青岛被日本军占领和殖民。

卫礼贤已经预见到了这一重大的国际问题，他把自己的四个儿子[1]送到了中国其他地方，在那里待了近两年时间。因为那些地方对他们而言更为安全。而卫礼贤本人得以留在青岛，因为他获得了一个红十字会国际代表的职位。由于这一职位，当日本人占领青岛以后，卫礼贤并未被当作一个德国民间的战斗力量，而是被视为国际调停代表；他和他的家人因而能够作为居民留在市内。值得注意的是，其他大部分德国男性都抗击着日本的入侵，被作为俘虏送到日本，留下他们的家庭（他们的妻子和子女）在德国前殖民地。结果卫礼贤成为了这批非同寻常的德国基督徒的牧师——大部分是妻子和儿童——并且持续到1920年一战尾声他们回德国。

恰恰在这一异常艰难的时期，卫礼贤跟随他年长的中国老师劳乃宣（1843—1921）学习易经有关占卦的文本。劳乃宣是清朝的读书人遗老，他在1913年11月来到德国的殖民地。通过研究卫礼贤和他的老师劳乃宣的谈话以及他最初的翻译工作中有关占卦的文本，我们能够证实，在这一时期，和卦象有关的文本的德文翻译——它们的象和象辞——始终依据的是六十四卦的标准文本。他对占卦文本的第一次翻译开始于1914年3月23日，比一战在同年8月爆发早6个月。[2]他对六十四卦的占卦文本的第一个完整德译文在1915年已经完成了。所有内容都是依据中文出版版本的传统标准本，并且受到与他的中国老师

1　卫礼贤和卫美懿的四个儿子：西格弗里德（Siegfried，1901年7月8日）、曼弗雷德（Manfred，1902年7月2日）、赫尔穆特（Hellmut，1905年12月10日）和瓦尔特（Walt，1910年9月25日）。
2　这里和接下来所提到的文本可以在巴伐利亚科学院档案馆找到。

劳乃宣的交流的引导。

二 卫礼贤有关易经的占卦实践（1918 至 1920 年）

然而在 1918 年的最后一天，他从翻译跨越到了真正的占卦实践，并且带着一些特殊的关切来进行这一实践。当 1918 年世界大战临近结束时，他在 1918 年 12 月 31 日开始用易经摇卦的方法来进行占卦实践。占卦的内容涉及他所牧养的那些家庭（本文稍后将对此进行详细描述）。这位德国路德宗牧师，见多识广的汉学家和传教士，将自己的摇卦结果记录在他的牧师笔记上。这是非同寻常的。这意味着，他仿佛是有意识地作为一个基督教牧师通过他所关注的中国文本来进行这些占卦活动。这些占卦活动很明确，首先是为了对他所牧养的德国家庭的命运（而不是中国人或中国家庭）做出决断而进行。更有甚者，甚至可能更加令人惊奇的是，他所摇出的卦象的记录都是按顺序进行的，包括日期以及（大部分情况下）他为之占卦的家庭的名字。它们发生在公历进行转换的那两天之中，开始于公历的最后一天（12 月 31 日，或者德国基督教历的元旦前夜）和新年的第一天（1 月 1 日）。因此这些占卦活动完成于 1918 年的最后一天和 1920 年的第一天。

当我们看过这些档案之后，一些问题会立刻自然地浮现出来。我们会考虑这些档案可能意味着什么。一位基督教新教牧师如何会使用易经来进行占卦？这一行为的神学或者圣经基础是什么？对于一个汉学家兼基督徒而言，是否存在一种通向占卦的可能性？当我们详细描述了卫礼贤的牧师笔记中的档案之后，这些问题将会引导我们接下来在这部分的讨论。

巴伐利亚科学院档案馆内与卫礼贤的档案材料相关的部分有超过200个存档盒，其中之一是一个牧师用的精美的烫金纸张长方形皮质笔记本。大部分材料是他自己写下的与牧师相关的各种事务：重要的德国知识分子的出生日期，为特定的年份而准备的布道辞列表，手录的他所喜爱的德国作家的引文（其中最为瞩目的是歌德［1749—1832］）。在所有这些内容的中间，突然出现了一页，这一页没有标明日期，但多半是最早的一份占卜记录。在这一页上我们发现了13个卦象。这一占卜活动涉及8个人；他们的名字缩写出现在记录下来的卦象的下面。这些人都是已婚妇女，除第一个以外，在她们的姓氏的首字母前面都写有"Fr."或者"Frau"[1]。唯一没有以这种方式写明的是"M."，指"Me"或者"Salome"，也就是卫礼贤自己的妻子。由于缺乏更具体的分类的记录，我们无法判断这些人是谁，除非我们拥有当时卫礼贤进行布道的基督教堂的教徒记录。

如果我们更仔细地观察这些卦象，会发现其中一些爻的中间画上了小圆圈，表示它们是"变爻"。这表明一开始摇出的卦象会变成另外一个卦象，暗示了对那个求卦的人而言将会发生变化的不稳定的处境。用卦象的语汇说，阳爻变为阴爻，或者相反。卫礼贤用这种方式为所有这页纸上提到的8个人记录了一开始的状况和变化中的状况。

---

1 德语，意为女士。——译注

卫礼贤的占卦实践

27

　　幸运的是，我们还拥有卫礼贤占卦实践及其记录的其他两个时期。根据这些记录，并且根据使用蓍草来占卦求解的过程，我们可以推测他从事这件事是在两天当中：公历的上一年的最后一天和公历的新年的第一天。我们在这里发现了两个时期中更多的细节：1918 年 12 月 31 日至 1919 年 1 月 1 日，以及 1919 年 12 月 31 日至 1920 年 1 月 1 日。这几天是国际战争进入其尾声的时候，因此是充满重大关切的日子，尤其是对于那些妻子们，她们的德国丈夫在 1914 年 11 月 7 日青岛陷落后，被日本俘虏并被关押在日本监狱。

　　在第一个时期——1918 年 12 月 31 日至 1919 年 1 月 1 日——我们发现记录下的新情况，以及一种新的记录方式。卫礼贤不再把所有卦象都记录在一页上，而是每页只记录 3 个卦象。我们再次发现变爻被标示出来，同时，姓名的记录不再仅仅是缩写。值得注意的是，第一个卦象涉及"一般的"或者"宏观的"局势（Allgemein［德语：一般的］）。14 个人依次得到提及。

　　在这些所提及的人之中有两个卫礼贤的弟媳（阿梅莉［Amelie］和玛丽［Marie］），但没有提到他的妻子卫美懿。在第 14 个卦象那里（涉及"妹妹阿梅莉"）出现了卫礼贤拒斥的一个卦象，不过这是我们发现的唯一一个拒斥的卦象。同样，我们在此处首次发现了两个没有变爻的卦象，因此每个人只带有一个单一的卦象，标记着易经六十四卦中卦象的号码。由于所有 14 个人的姓氏都写出来了，我们可以辨认出许多在先前更简略的占卦活动中出现的缩写名字，而且能够发现一些在历史上更容易为我们所知晓的人（通过研究青岛这一历史时期的专家）。更仔细地观察人名，我们发现有一些不是"某某女士"，而是男性姓名（赫伯特·冯·科斯蒂诺伯勒 [Herbert v. Costinoble]），或者青年男人或女人的名字（莉泽尔 [Liesel]，特鲁德·赫尔曼 [Trude Hermann]）。

对于这些卦象的解释以及它们对所涉人物的意义可能会产生另外一些其他问题，尤其是从卫礼贤自己对这些人的兴趣的角度来看，不过我们在此不准备继续追究这些事情。相反，我们继续来看下一组得到记录的卦象，它们在时间上出现在其他两组记录下的卦象之后，这段时期标注的时间是1919年12月31日至1920年1月1日。

我们再次发现一个有关"一般的"局势的卦象，以及一张包含18个人的名单。先前14个人中有13个再次出现。而这一次我们同样发现了"Me"（即卫美懿，出现在1920年1月1日上的第一个人）以及莉泽尔，另一个只记录了名字的人。我们再次发现有两个卦象没有变爻，一个是有关"巴尔（Bahr）女士"（我们知道她是莉泽尔的母亲，巴尔一家中一个年长的大学生和上了年纪的女儿），另一个有关托尼·戈尔鲍格（Toni Gohrbaugh）。

在对这些记录做了详细描述之后，让我们转向解释方面的问题。一个新教牧师何以能够用易经来占卦？这一行为的神学基础或者圣经上的基础何在？对于一个汉学家兼基督徒而言，是否有一条通向占卦的通道？

首先，有关神学问题。是否有神学或者圣经的基础来支持在危机时刻进行占卦活动？这种行为应该如何得到实施，而同时是被视为合乎宗教上的义的，不涉入为圣经传统的其他部分所明确反对的神秘主义活动?有一个显著的例子值得关注,和合本圣经的中文翻译(出版于1919年,恰恰是卫礼贤进行占卜活动的时期)以中国的方式将"摇签"的活动同易经中的占卜实践结合了起来。圣经文本在《使徒行传》第1章第21至26节,情况涉及的是用另一个高尚的门徒来替换"背叛的门徒"犹大。现场的人们推举出两个知名的忠诚门徒:"巴萨巴,又称呼犹士都的约瑟"和"马提亚"。在向上帝祷告之后,使徒们开始"摇签","摇出马提亚"(《使徒行传》第1章第26节)。用来翻译公共希腊语中的这一短语的中文词是"移动蓍草",受过文化教育的中国人会将其理解为是指以中国的方式进行的占卜(它被认为是公元1世纪的犹太方式的占卜,而实际上并不是。在当时中东地区那个文化中,他们不用蓍草,而用其他东西。同时可以肯定,他们对易学没有什么了解)。无论别人会如何看待这些事物,我们的确拥有基督教的占卜形式的一个圣经上的先例。

另一个需要考虑的因素是这些记录下来的卦象出现的地方。它们明显出现在卫礼贤的牧师笔记本中。他显然是有意这么做的。在牧师卫礼贤所使用的这份珍贵的私人笔记本中,其他地方并没有诸如此类的记录。

据我所知,我从未听说过任何其他的传教士或牧师,使用这种方法来为自己的家庭成员和信众预测未来。从这一点上讲,我们发现了某种极为罕见的、富有争议的东西;而它仍然值得得到思考,因为它是卫礼贤在青岛生活期间,作为教师和牧师,作为那些因战争而失去家庭成员的受苦的人们的顾问而进行的活动。

三 对前所未有的事物的解释：
对卫礼贤的占卦行为及其稍后的易经翻译的进一步反思

一些崭新的问题如今可能会出现在我们面前，而我试图通过回答这些问题来结束我的报告。这些占卦行为与稍后卫礼贤在1924年著名的、富有争议的对易经的德文翻译的关系是什么？我们是否对卫礼贤有关一战的最后一年的生活的态度抱有生存上和历史上的洞察？我们是否能够从这一阶段中获得进一步的跨文化的视角，来看待他稍后对德国的基督教传统的拒绝，以及他在1923年直至1930年过世对儒家和道家的有意识选择？

在我看来，这些对占出的卦象的记录代表了卫礼贤对预测未来他应该做什么的真实努力。这并不意味着，这些占卦活动最终服务于他作为牧师和基督徒领导人的角色，但是我们在此需要考虑他如何（在1923年公开拒绝了德国基督教传统之时）翻译易经。在处理这一问题时存在一些问题，因为卫礼贤对易经的翻译（1924年在耶拿出版，是他在北京的两年作为新魏玛在中国的文化参赞期间完成的）不是一种标准翻译。我在2005年发表的文章中做出了支持这一判断的论证，在那里我比较了卫礼贤和理雅各的翻译，表明了卫礼贤的德语翻译文本的并不标准的组织顺序。这个问题如此复杂，解释起来会长过我在这里所被允许的时间。

我在此想要处理的是另一个许多对易经研究感兴趣的人可能并未意识到的问题。卫礼贤常常使用德国基督教语汇来翻译易经中的特定词语："圣人"起初被翻译为"神圣者"（Der Heilige），稍后被翻译为"受到呼召者"（Der Berufene），在易传中则被翻译为"神圣的智者"（Die Heiligen Weisen）。另外有一些翻译并不是如此"依据圣经的"，比如将"命"翻译为"命运"（Das Schicksal）。但是当卫礼贤在易经文本包含"上帝"的段落中将其翻译为"最高的神"（der höchste Gott）时，我们看到了对这一文本的完全基督教化的阅读（这种阅读在巴恩斯［Barnes］的英译本中从根本上被清除了）。卫礼贤不仅在1918至1920年期间尝试牧师的建议工作的各种可能性，在他因为其与战争态度的亲缘性而拒绝了德国的基督教传统之后，他仍然将易经作为一种灵修文本来"阅读"，这种灵修文本接近于他自己先前的基督教世界观（至少是在某些术语的使用上）。

司马涛（Thomas Zimmer）教授已经通过对卫礼贤在1922至1924年在北京逗留期间的大量日记的研究，帮助我们全面了解了卫礼贤的生活。[1] 司马涛明确指出，当时卫礼贤的夫人卫美懿并没有和他在一起，但他带了一个私人秘书。这个私人秘书显然不仅仅是一个雇用的工作人员，而且还以其他方式为他服务。她的名字叫莉泽尔·巴尔（Liesel Bahr）。而我们有理由推测，她就是我们先前讨论的占卦记录中的莉泽尔。

---

[1] 参见司马涛：《1920至1930年间的卫礼贤》（"Richard Wilhelm: 1920—1930"［即本文集的《卫礼贤生命中的最后十年》一文。——译注］），收于哈尔姆特·瓦尔拉芬斯（Hartmut Walravens）编：《卫礼贤（1873—1930）：在华传教士与中国精神产品的中介者》（*Richard Wilhelm (1873–1930): Missionar in China und Vermittler chinesischen Geistesguts*，奥古斯丁：德国华裔学志研究中心（Sankt Augustin: Institut Monumenta Serica），2008年，第13—60页。

司马涛评论

谢谢孙老师,谢谢叶老师邀请我来参加这个会议。首先我想简单地介绍一下为什么我来参加卫礼贤这个会议。我对卫礼贤的研究范围,是从他青岛到德国以后,也就是从1922、1923年到1930年那个阶段。所以我对这一阶段比较熟悉。最近一段时间,我专门研究明代末到清代,来中国传教的耶稣会士。所以我想提供一些跨文化翻译的一些想法。这用在卫礼贤的研究上面是很有用的。研究卫礼贤作为一个学者,作为一个翻译家,作为一个传教士就是要考虑他的时代。

翻译在东方和西方的交流当中起了很大的作用。举一个例子,比如利玛窦和他的耶稣会士到中国来传教。他们不光是来传教,他们也翻译作品。他们提供一些科学方面的知识。当然,他们是以传教为主,但是他们提供的科学方面,比如说天文、机械、地理,等等,他们提供的这方面的知识,对于当代的中国学者来说都有很大的吸引力。这在中西交流当中起了很大的作用。

费乐仁教授讲到的卫礼贤和当时的知识分子劳乃宣,他们的合作方式其实是有传统的。像利玛窦和徐光启,以及后来的耶稣会士和杭州来的一些学者,也有类似的合作方式。西方的传教士提供一些知识,关于科学，关于宗教，他们进行口述。中国的文人把它记录下来，把它整理一下，变成书提供给大家看。那么这种合作方式其实有一定的传统。

研究卫礼贤翻译的书要考虑时代背景。他翻译的书主要是给德国读者看的。他翻译的东西在市场上有一定的需求。费乐仁教授讲的危机观念，我觉得很重要。因为欧洲特别是德国，在20世纪初已经开始意识到他们的文化有问题。他们对文化开始提出疑问。卫礼贤是这种文化危机的一个代表。要考虑到当时欧洲文化对这个危机的认识，那么就离不开对一些作品的研究，比如斯宾格勒的《西方的没落》。或者研究和卫礼贤有关系的凯泽林等这些在社会上起很大作用的知识分子。卫礼贤和凯泽林的关系很密切。他翻译《南华真经》等一些道教的作品，实际上是提供给西方一种新的宗教，一种新的真理。因为西方已经开始对真理有疑问了，开始怀疑传统，开始失去文化自信。因此研究范围可以稍微扩大一点。

这是第一点，其次，卫礼贤是一个牧师，一个传教士，他为什么对道教，易经等作品有兴趣？这也和传统的传教士到中国来有关系。比如说上帝，利玛窦和他的同事们很长时间在摸索如何翻译"上帝"。他们很高兴在易经、《道德经》这些中国古代文献里面找到"上帝"这个词。有一些耶稣会士认为，这个上帝就是God，它是慢慢从中东然后到中国来的。因此他们有的翻译成上帝，有的是写成拉丁文的Deus，有的翻译成主，等等。他们认为是一样的概念。我想对于卫礼贤来说，这个上帝的概念也是帮他和他自己的宗教传统连接起来了。

第三点，费乐仁教授刚才具体解释过了，卫礼贤怎么卜卦。他怎么用这个方式给一些当地的妇女提供生活的咨询，来安慰人，等等。怎么解释这个问题？我想我们对卫礼贤的心理没有把握，但是也要注意到当时的背景。当时他是在青岛的德国人中间提供这种卜卦。卫礼贤在回到德国以后很活跃，他不断地在不同的地方做报告。他跑到柏林，跑到很多学校，跑到社会上的组织机构。他也是靠这笔钱维持他的生活。他在日记当中记得很清楚，今天得了多少报告费。所以经济因素也不能小看。他是一个高级知识分子，但是高级知识分子最后也是人。但是据我所知，关于易经的报告和像在青岛那样的卜卦活动，在德国好像没有。所以这也表明了在青岛的那个环境，它是通过摸索心理的一条路来安慰自己和安慰别人。所以我想我们要考虑到他具体的生活的时代、生活的背景。

贤哲别东西，思澄终归一

——作为卫礼贤、辜鸿铭交谊纽带的孔子与歌德

贤哲别东西，思澄终归一

——作为卫礼贤、辜鸿铭交谊纽带的孔子与歌德

叶 隽

一 留德学人与来华教士：跨文化的身份认同

对现代中国之语境而言，传教士的思想史地位是在逐渐淡化的。而卫礼贤与辜鸿铭的位置与时代，恰恰调了个儿，在辜鸿铭归国的年代里，传教士仍占据西学传播的主导话语权；而在卫礼贤来华的岁月中，正是传教士要逐渐淡出历史舞台，与留学生完成交接的转折关头。所以，讨论辜鸿铭与卫礼贤的交谊，在某种意义上正为我们提供了一个另类的佐证，即早期留德学人已然卓然自立，而且在这种跨文明对话中具有非常高的思想史价值。

辜鸿铭（Hung Beng Kaw，1857—1928）[1]，福建厦门人，名汤生，字

---

[1] 辜鸿铭的英文名可参见其在英国爱丁堡大学（1873—1874）的注册记录，档案材料扫描件承乔修峰副研究员见赐，特此致谢。

鸿铭，年长于卫礼贤 16 岁，近乎一代人。但他归国之时，在 1885 年
（清光绪十一年），年 28 岁，当其时也，正是中法战争之时，他入（后
长期任职于）张之洞（1837—1909）幕府，任总督衙门洋文案。14 年后
（1899 年），做传教士的卫礼贤来华，年 26 岁。虽然来到中国的年龄相
若，可面临的时代语境却大不相同。1885 年时，虽然有中法战争，可大
清国毕竟国势仍在，至少自以为在亚洲国家中仍居龙头地位；1899 年时，
已在甲午战败之后，且辛丑之辱即将发生。可难能可贵的是，无论是作
为异乡华侨的辜鸿铭，还是异国教士的卫礼贤，都对面临苦难的中华大
地"不离不弃"，尽他们最大的努力去帮助和陪同这个古老而伟大的民
族共同走过那段艰难岁月。他们身上所体现的精神，真的可谓近乎一种
"圣贤精神"。故我称："贤哲别东西，思澄终归一。"这一点，仔细考究，
原来并非空穴来风。从他们的共同话题和趣味的养成，尤其是在学养成
分里的精华元素中就可得到提示。譬如，这里要重点讨论的孔子与歌德。
辜鸿铭虽然曾先后留学现代欧洲的三个主要国家，对英、德、法三国文
化均有深刻独到的理解，尤其是深受卡莱尔（Thomas Carlyle, 1795—
1881）、罗斯金（John Ruskin, 1819—1900）、阿诺德（Matthew Arnold,
1822—1888）诸人影响，但在他心目中占据最高地位的欧洲圣贤乃是歌
德（Johann Wolfgang von Goethe, 1749—1832）。那么，我们要追问的是，
何以然？他又是在何种意义上选择歌德为自己的精神制高点的？卫礼贤
作为德国人，他当然对自己的母邦大贤心有灵犀、引为典范，但他同时
通过与中国田野的朝夕相处，努力寻找中国圣贤和经典的资源，于是引
出对孔子（前 551—前 479）、老子（约前 571—前 471）与易经的高度重

视。相比较辜鸿铭的独尊儒家,颇有所异。卫礼贤作为比辜鸿铭晚一辈的异邦知识精英,其求知路径与真理谱系有所不同,但显然都属于那个时代的"世界公民"系谱中人。黑塞(Hermann Hesse,1877—1962)对卫礼贤评价甚高:

> 他(指卫礼贤,笔者注)是先驱和典范,是合东西方于一身,集静与动在一体的太和至人……所以才会产生他那优美动人的语言,就像由他翻译的易经那样——歌德和孔夫子同时娓娓而谈,所以他才能对东西方这么多高品位的人产生如此魅力,所以他的脸上才会带着智慧而和蔼、机敏而谐谑的微笑。[1]

作为知交挚友,黑塞对卫礼贤的评价显然不仅是溢美之词,而且是有着基本的判断在内的"盖棺论定"。但不知他是否明白,让"歌德和孔夫子同时娓娓而谈"的,卫礼贤并非"始作俑者"。兼具中德文化素养的,还有早年留欧、求学莱比锡的辜鸿铭。作为前后求学欧洲的"世界人",辜氏也可算作卫氏的半个老师。20世纪初的中国,正当清朝末年,辜鸿铭年在知命前后,而卫礼贤则在而立之后,仍处于来华不久、努力求知的阶段。此期两人的结识正可谓"金风玉露一相逢",碰撞共

---

[1] Hermann Hesse, "Ein Mittler zwischen China und Europa", in *Die Weltwoche*(《世界周报》)24,(April 27, 1956)Zürich, in Adrian Hisia(Hg.), *Hermann Hesse und China: Darstellung, Materialien und Interpretation*, Frankfurt: Suhrkamp, 1974, S.320-323. 中译文引自张东书:《卫礼贤的中国魂》,载《国际汉学》第6辑,大象出版社,2000年,第34—35页。

鸣不少，尤其是卫氏可以多向辜氏请益中国知识和学问。

辜鸿铭与在华德国人交谊不少[1]，他与卫礼贤也正是通过另外一个德国人的介绍而认识的[2]，此君就是帕盖特（Alfons Paquet，1881—1944）。[3] 帕盖特是作家和社会活动家，曾任《法兰克福日报》(*Frankfurter Zeitung*)记者，这个身份显然有利于他的交游访问。1910年，他经一位在华工作的高贵德国女士的介绍而拜访辜鸿铭，显然对此印象深刻："他向我讲起他在魏玛逗留时的情况，讲起他数年前在汉口与亨利希王子的交谈，谈起托尔斯泰写给他的一封公开信。他很喜欢德国的经典作家，认为这个贡献了歌德和费希特的民族，并非只有高领制服和名牌公司这些标志。他忧心忡忡地说起了英国，认为正是英国的先发优势迫使德国走上了艰难的扩军之路。这位博学的陌生人还期望德国精神能最早实现对各种文化的大融合，这种观点引起了我的注意。"[4] 按照帕盖特的说法，

---

1 如胡适就曾记载佛弼执礼（Z.Volpicell）来看他，带来的一件东西就是"辜鸿铭的一首英文诗，为吊德国领事（布德勒）作的"。1928年7月12日日记，曹伯言整理：《胡适日记全编》第5集（1928—1930），安徽教育出版社，2001年，第212页。

2 有论者称辜鸿铭与卫礼贤之间"交往密切"，Ernst Grosse, *Ostasiatische Erinnerungen eines Kolonial- und Ausland-Deutschen*（《一个殖民地与外国德国人的东亚记忆》），München: Neuer Filser-Verlag, 1938, S.216。

3 Alfons Paquet, Vorwort（前言）, in Ku Hung-Ming, *Chinas Verteidigung gegen europäische Ideen*; *Kritische Aufsätze*（《中国对欧洲思想的抵抗——批判性文集》）, Übersetzt von Richard Wilhelm, hg. von Alfons Paquet, Jena: Eugen Diederrichs Verlag, 1911, S.I-XIV. 关于帕盖特其人，可参见 Bernhard Koßmann (Hg.), *Alfons Paquet 1881-1944*, Begleitheft zur Ausstellung der Stadt-und Universitätsbibliothek Frankfurt am Main, 10. September-7. Oktober, 1981。

4 Paquet Alfons, *Li oder Im neuen Osten*（《礼或在新东方》）, Frankfurt am Main: Literarische Anstalt, Rütten & Loening, 1912, S.290. 中译文引自方厚升：《君子之道：辜鸿铭与中德文化交流》，厦门大学出版社，2014年，第275页。

辜鸿铭是"第一个我可以用流畅的德语与之交谈的中国人"[1]。辜鸿铭不仅与客人博古论今,还尽地主之谊,带着帕氏闲逛上海的戏院和茶楼,当然免不了去饭馆。[2] 这样的近距离交流,无疑迅速拉近了彼此间的关系,包括思想与精神上的。帕盖特在随即离沪的旅程中就翻读了辜氏的赠书《清流传》,甚至马上推荐给了自己新结识的朋友,即此书的德译者卫礼贤。"作为纪念,我兜里放着他刚刚出版的《中国牛津运动故事》。第二天,我就在船上读了这本书,深受吸引,打算将它在德国出版。还在船上的时候,我就向一位来自青岛的朋友谈了我的想法,他就是汉学家卫礼贤先生。在此期间,他已经把这些论文译成了德文。"[3] 我们不知道卫礼贤此前是否就已经认识辜鸿铭,但就通信来看,辜鸿铭早在 1910 年 6 月 10 日就已给卫礼贤写信,而且从中可以推断两人此前有过一些书信往来。[4] 那么,卫礼贤与帕盖特的相识并同舟返德应是在 1910 年上半年,虽然在 1902 年

---

[1] 原句为:"Er war der erste Chinese, mit dem ich ein unbeengtes Deutsch reden konnte, und wir sprachen von China und Deutschland." Alfons Paquet, Vorwort(前言), in Ku Hung-Ming, *Chinas Verteidigung gegen europäische Ideen*; *Kritische Aufsätze*(《中国对欧洲思想的抵抗——批判性文集》), Übersetzt von Richard Wilhelm, hg. von Alfons Paquet, S.VII.

[2] Alfons Paquet, Vorwort(前言), in Ku Hung-Ming, *Chinas Verteidigung gegen europäische Ideen*; *Kritische Aufsätze*(《中国对欧洲思想的抵抗——批判性文集》), Übersetzt von Richard Wilhelm, hg. von Alfons Paquet, S.XII-XIII.

[3] Alfons Paquet, Vorwort(前言), in Ku Hung-Ming, *Chinas Verteidigung gegen europäische Ideen*; *Kritische Aufsätze*(《中国对欧洲思想的抵抗——批判性文集》), Übersetzt von Richard Wilhelm, hg. von Alfons Paquet, S.XIV. 方厚升:《君子之道:辜鸿铭与中德文化交流》,第 276 页。

[4] 辜鸿铭 1910 年 6 月 10 日由上海致卫礼贤函,原文为英文, Hartmut Walravens(zusammengestellt), *Richard Wilhelm(1873-1930):Missionar in China und Vermittler chinesischen Geistesgutes*(《卫礼贤——在华传教士与中国精神产品的中介者》), Nettetal: Steyler Verlag, 2008, S.286.

时辜鸿铭曾以湖广总督张之洞幕僚身份赴青岛，拜会胶澳总督特鲁泊（Oskar von Truppel，1853—1931），但彼时是否就与卫礼贤相识则待考。[1]

此后，两者就颇有往来。如卫礼贤就曾将自己德译的《论语》《道德经》等寄给辜鸿铭，请其斧正。对《论语》，辜鸿铭虽客气地称其为"了不起的翻译"（magnificent translation），但也坦率承认自己还没有时间细看[2]；但他很不客气地批评卫氏没有将为何要译《道德经》的理由解释清楚，他甚至强调说："对研究一个民族的文献来说，在民族思想的潮流里将主流和边缘区分清楚是很重要的。"（In studying the literature of nation, it is important to distinguish between the main current and the side current in the stream of national thought.）[3] 在这里，辜鸿铭给青年人卫礼贤上了很重要的一课，即在中国文化里，他认为主流是儒家文化，故此翻译孔子的东西更重要；相对而言，道家显然不扮演那么重要的角色。其实，在这点上，辜鸿铭可能是过于好为人师了，对于中国文化的本质究竟如何把握，可能并不是简单地下结论就能解决的问题。要知道，卫礼贤并非只有辜鸿铭这样的单一渠道来接触中国文化，通过周馥（1837—1921）介绍的劳乃宣，卫礼贤可能更加深刻地进入到中国文化的内里深

---

1 方厚升：《君子之道：辜鸿铭与中德文化交流》，第244页。
2 辜鸿铭1910年9月24日由上海致卫礼贤函，原文为英文，Hartmut Walravens（zusammengestellt），*Richard Wilhelm*（*1873-1930*）：*Missionar in China und Vermittler chinesischen Geistesgutes*（《卫礼贤——在华传教士与中国精神产品的中介者》），S.288.
3 辜鸿铭1911年5月27日由上海致卫礼贤函，原文为英文，Hartmut Walravens（zusammengestellt），*Richard Wilhelm*（*1873-1930*）：*Missionar in China und Vermittler chinesischen Geistesgutes*（《卫礼贤——在华传教士与中国精神产品的中介者》），S.294.

层中去¹，所以我认为他对老子的重视，尤其是追溯到易经，其实是很有眼光和判别力的。

辜鸿铭的一生变动颇多，即便在晚年也奔波不息。1924年10月至12月，他先后到日本、中国台湾讲学；1925年4月至1927年秋（其中1925年6月至7月回东北），再度赴日讲学。如此看来，1924年10月之前，他还在北京的。其基本思路也不太一样，相比较作为德国人的卫礼贤，在辜鸿铭的欧洲文化修养之中德国虽居有相当地位²，但并非至关重要。因为毕竟，他早年所受到的主要教育养成，是在英国。

作为德国同善会来华传教士，卫礼贤在华的德国交游也不应忽略，至少传教士同行如花之安（Ernst Faber, 1839—1899）、许勒（Wilhelm Schüler, 1899—1964）的帮助相当重要；而来华游历的奥托、凯泽林（Count Hermann Keyserling, 1880—1946）、帕盖特等人对他帮助也实在非小。但如果论及中西知识融汇之畅达，则恐怕真要说是舍辜鸿铭其谁？提及卫礼贤在西方文化和思想史上的位置，一般难将其归入主流精英的行列，因为他为世人所熟知的功绩自然是德译中国经典；但殊不知

---

1 参见叶隽：《"中德二元"与"易道源一"——卫礼贤与劳乃宣交谊与合作之中国文化背景》，载《世界汉学》第12卷，中国人民大学出版社，2013年，第78—90页。
2 这里应该提及辜鸿铭与卫礼贤的德国前任传教士也是著名汉学家花之安的交谊，按照赵凤昌（1856—1938）的说法："甲午后，余常居沪，鸿铭谓宜多谈友解岑寂，偕访德友花之安；乃著《中国理学汇编》，及译经子各书者。既相见，视其案头有浙刻《二十二子》。自述咸丰四年来华，任教会事，今教风已变，专事译著。旋问余中国孔孟连称，吾意孟子立论尤当。余答以春秋战国，时代不同，后之有激，更甚于前，孟子已自谓不得已，其道则一也。花欣然以为知言。"赵凤昌：《国学辜汤生传》，载辜鸿铭：《辜鸿铭文集》下册，黄兴涛等译，海南出版社，1996年，第581页。关于花之安，可参见张硕：《汉学家花之安思想研究》，知识产权出版社，2013年。

他之所以能具有独特的文化史意义，正在于其超越了简单的翻译界限而进入到会通中西的杰出精英之列。而这样一种流转的轨迹则尤其有趣，就是传教士—留学生的关系经由这一关系，发生了质性的变化，就是留学生—传教士的反哺效应。这是非常有趣的。虽然较之第一代留学生如容闳、黄宽等人还要晚上一代余，但辜鸿铭以及他这一代人中的佼佼者，如马建忠、陈季同、严复诸君都是伯仲之间，最有趣的则是他之转向国学，乃受到马建忠的重要启迪。如果说马建忠、严复的影响主要还是内生型，那么陈季同、辜鸿铭则显然表现为外向型。陈季同的具体表现是法文撰著的刊行以及对法国汉学家的影响上，那么辜鸿铭的影响范围更宽泛，不但在英语世界得到广泛关注，而且在德语世界产生了深刻而持久的作用力，同时也进一步传播到法国、北欧、日本等地。法国学者波里（Francis Borrey，生卒年待考）曾与辜鸿铭合作以法文翻译《论语》，他认为："他（指辜鸿铭，笔者注）也是人文主义者，罕见的人文主义者，因为他接受了东方圣贤和西方圣贤——特别是歌德——的教诲。"[1] 在这点上显然辜鸿铭和卫礼贤都得到了东圣西圣的真谛，无论是孔子，还是歌德，都成为他们时而引证的"真理"。

二 机缘巧合与话题共享：时代变局中之青岛交谊

1911年的青岛，无疑是风云际会的大时代的一个典型缩影，时当

---

[1] 弗兰西斯·波里：《中国圣人辜鸿铭致好友李君》，桂裕芳等译，载黄兴涛：《闲话辜鸿铭》，海南出版社，1997年，第253页。

辛亥革命、清廷将倾、民元将肇，各种人物、团体与势力相互角逐于此。辜鸿铭与卫礼贤的相识，自然也就有着相当丰富的意味。对于卫礼贤来说，经由青岛便利的条件和晚清大变局的背景而结交各式各样的清廷之遗老遗少、王公达官，乃是一件极有趣的事情。尽管如此，辜鸿铭的出现，仍是此处风景的最亮点之一。因为，有一个中国知识精英分子（虽然是保守人物）可以和他不但用汉语讨论问题，还可用德语（自己的母语）大谈歌德、席勒（不知有没有谈过荷尔德林），这如何不是一件极令人愉快之事呢？确实，辜鸿铭的风趣机敏、知识渊博、论点犀利，不仅给卫礼贤，也给他的夫人留下了极为深刻的印象：

> 与辜鸿铭的联系从现在开始变得紧密。在青岛居留期间他是我们家的客人（Hausgast），他以其充满思想力和敏锐力的方式给礼贤留下来很强烈的印象。礼贤将他的不少作品译成德文，如《中国对欧洲思想的抵抗》，以及从《中国牛津运动故事》中选译的文章《中国人的精神》。辜是一个在中国事务上与欧洲精神界辩论的最好辩手之一。当他因为对中国古典的洞察力而遮蔽了他对中国社会进步的意义的认知，甚至稍后导致他走向了一条反动的政治轨迹之时，他的精神仍然是自由的，并且足够灵活，这样使他能够在因欧洲思想产品的崩溃而引起的文化危机中仍清醒地辨析其中有价值的观念，因为他所曾接受的细致教育过程给他提供了无论是中国还是欧洲的充足的思想产品。他在我们家中与像帕盖特、凯泽林等朋友

的谈话，属于那些最激动人心活的记忆之列。[1]

在卫礼贤的妻子萨洛姆（卫美懿）的眼中，在辜鸿铭、帕盖特、凯泽林，或许还加上卫礼贤之间发生的谈话，那是最精彩不过的回忆之一。[2] 或许我们应关注1923年"东方学会"的成立，这是一个由罗振玉所发起的学术组织，伯希和、卫礼贤、王国维、辜鸿铭等人都列于其中。[3] 罗振玉就曾在致王国维的信中说："昨函敬悉。奥馆之地，一时借用则可，

---

[1] 德文为："Die Verbindung mit Ku Hung Ming blieb von nun an eine enge. Bei seinen Aufenthalten in Tsingtau war er unser Hausgast und machte durch seine geistvolle und spürende Art einen starken Eindruck auf Richard, der denn auch verschiedene aus seinen Werken ins Deutsche übersetzte, unter anderem das Buch *Chinas Verteidigung gegen europäische Ideen* und den Aufsatz *Der Geist des chinesischen Volkes aus der Geschichte einer chinesischen Oxfordbewegung*. Ku war einer der besten Anwälte der chinesischen Sache in der Auseinandersetzung mit der europäischen Geistigkeit. Wenn ihm auch seine Verankerung im Klassisch-Chinesischen die Einsicht in die Bedeutung der sozialen Fortschritte Chinas verschloß und ihm später auf eine reakionäre politische Bahn lenkte, so war sein Geist doch frei und beweglich genug, um zu den durch den Einbruch europäischen Gedankenguts hervorgerufenen Kulturkrisen wertvolle Gesichtspunkte beizutragen, die darum so fruchtbar waren, weil seine gründliche Bildung sowohl das chinesische wie das europäische Gedankengut beherrschte. Die Gespräche, die er in unserem Hause mit Freunden wie Alfons Baquet und dem Grafen Keyserling führte, gehören zu den anregendsten Erinnerungen." Salome Wilhelm, *Richard Wilhelm: Der geistige Mittler zwischen China und Europa*（《卫礼贤——中国与欧洲间的精神使者》），Köln Düsseldorf, Eugen Diederlichs Verlag, 1956, S.184. 这里的叙述有误，《中国人的精神》是另一部论文集，不是从《中国牛津运动故事》中节选的。

[2] Salome Wilhelm, *Richard Wilhelm: Der geistige Mittler zwischen China und Europa*（《卫礼贤——中国与欧洲间的精神使者》），S.184.

[3] 王若：《新发现罗振玉〈东方学会简〉手稿跋》，载《中华读书报》2010年6月24日。桑兵：《民国学界的老辈》，载《历史研究》2005年第6期，第3—24页。

而建筑两馆似不可行。晤尉博士时，祈与商为叩。"¹ 这里显然是说到王国维与卫礼贤的会面，卫礼贤此前的汉语名曾为尉礼贤。卫礼贤则发起成立过"东方学社"，这是两个不同性质的组织。

在西方前贤之中，辜鸿铭最推崇的是歌德。² 他曾引用罗斯金的话说"德国人的优点中甚至也含有自私成分"，并认为其表述时想到的是俾斯麦，而"不是毛奇和歌德那两个已成正果的 Zucht u. Ordnung（秩序和风纪）的化身"。³ 但在辜鸿铭的心目中，即便是歌德与毛奇也有

1　1923年7月2日罗振玉致王国维函，载罗振玉、王国维：《罗振玉王国维往来书信》，长春市政协文史和学习委员会编，东方出版社，2000年，第572页。

2　《尊王篇（总督衙门论文集）》，载辜鸿铭：《辜鸿铭文集》上册，黄兴涛等译，海南出版社，1996年，第100—101页。关于辜鸿铭对歌德的征引，已有学者简单提及，参见《译事开端——王韬和辜鸿铭》，载卫茂平：《德语文学汉译史考辨：晚清和民国时期》，上海外语教育出版社，2004年，第2—11页；《辜鸿铭与歌德》，载吴晓樵：《中德文学因缘》，上海外语教育出版社，2008年，第47—49页。

3　辜鸿铭显然对歌德有相当深切的理解，他在《关于中国问题的近期札记：统治与文明状态的考察》的第三部分"在德国"的论述开篇即引用歌德自传《诗与真》的名言说："对一切事物，特别是对爱和友谊不存利害之念，是我的至上追求、指导原则和人生准则。因此后来，我在一首诗中有这样一句调皮唐突的话：'如果我爱你，那与你有何相干呢？'这就是我心灵的剖白。"德文为"uneigennützig zu sein in allem, am uneigennützigsten in Liebe u. Freundschaft war meine höchste Lust, meine Maxime, meine Ausübung so dass jenes freche spätere Wort: 'wenn ich dich liebe, was geht's dich an?' mir recht aus der Seele gesprochen ist."《尊王篇（总督衙门论文集）》，载辜鸿铭：《辜鸿铭文集》上册，黄兴涛等译，第100—101页。不仅如此，他还对歌德的作品有非常深刻的认知，他认为华兹华斯在与爱默生谈话时对歌德小说的《威廉·麦斯特》的评价有问题，前者说此书"充斥了各式各样的私通行为，就像苍蝇群在空中杂交"；而辜氏则认为此书"正是伟大的歌德对拿破仑复辟时期德国状况的真实、清晰和冷静的描述，正如莎士比亚作品对英国社会的描摹一样"《尊王篇（总督衙门论文集）》，载辜鸿铭：《辜鸿铭文集》上册，黄兴涛等译，第103页。《威廉·麦斯特》由两部长篇小说组成，即《威廉·麦斯特的学习时代》《威廉·麦斯特的漫游时代》，此著代表了歌德小说以及德国古典时代文学的最高成就。应该说，辜鸿铭较之华兹华斯对此的体会更加深刻。

高下之分，因为在他看来，"力量应当为精神服务"，亦即作为将军的毛奇所代表的德国强力，应统属于诗人歌德代表的德国精神。具体言之："这种思想在辜氏的家里便有体现：墙上挂着他的一幅画像（是一位美国女画家送给他的一幅精彩的彩粉画），左首（在中国左侧是上首）是歌德的肖像，右手是毛奇的像。辜鸿铭对德国伟大的歌德十分敬佩。至于毛奇，则是'为精神服务的军刀的象征'。"[1] 看来，辜鸿铭对德国精神的崇敬是由物质到精神的：不仅是在抽象的思想和精神层面，而且甚至要表现为具体的物象，譬如说这里的画像。不过说来有趣，中间是辜鸿铭自己的肖像，然后是"左歌德，右毛奇"，这种搭配实在是"奇妙无比"，不仅文武兼资，而且中德合璧，更加以我为主。当然，在辜鸿铭的日常生活之中，似乎歌德比毛奇扮演了更为重要的角色，这里仅举一例，即辜鸿铭是如何用歌德来阐释《论语》的，该书在1898年由上海的别发洋行出版的其英译《论语》(*The Discourses and Sayings of Confucius*: *A New Special Translation*, *Illustrated With Quotations from GoetheandOther Writers*) 中，副标题即为"一个新的特别译本，引用歌德和其他作家为注释的绘画本"[2]，由此可见对歌德是何等的重视。因为《论语》是中国的圣人之书，而在辜鸿铭心

---

[1] 弗兰西斯·波里（Françis Borrey）：《中国圣人辜鸿铭》，载黄兴涛：《闲话辜鸿铭》，第279页。

[2] *The Discourses and Sayings of Confucius*: *A New Special Translation*, *Illustrated With Quotations from Goethe and Other Writers*. Trans. by Ku Hung-Ming. Shanghai: Kelly and Walsh, 1898.《〈论语〉英译》，载辜鸿铭：《辜鸿铭文集》下册，黄兴涛等译，第343—506页。

目中，孔子的地位又是主流，甚至远高于老子，所以用歌德阐释孔子之书，其意义非同一般。我们来看看，辜鸿铭是如何巧妙地将孔子、歌德联系在一起的：

当人们因歌德之诗《拜伦斯勋爵》的不道德而毫不容情地围攻他的时候，他说，我的诗无论如何也没有像报纸那样不道德。我很想知道，当今的人们是否已经很了解现代报纸是多么的不道德。为了弄明白今天的报纸是多么不道德，人们首先要搞清楚"不道德"（Unmoralisch）这个字的真实内涵。对于很多人来说，"不道德"指的是饮威士忌酒、抽烟或吸食鸦片，或与异性保持不正当的关系。在歌德看来，"不道德"的含义远不止此。"不道德"指的是更深一层的东西。歌德以为，"不道德"指的是自私与卑鄙。孔子曰："君子周而不比，小人比而不周。"我把中文"小人"译成"平常的人"，从字面上看是"小人物"，也就是理雅各博士所说的"渺小的人"，已经去世的阿查立爵士把它译成"粗鄙无礼的人"。声名狼藉的唐朝武则天皇帝的侄子武三苏，这个小人，这个中国历史上众多不道德角色中的一员，说过："我不知道什么是好人什么是坏人。在我的眼里，一个拥护我、拥护我的利益的人就是好人；一个反对我、反对我利益的人就是坏人。"这就是歌德在谈到报纸不道德时所指的那种不道德。由歌德和孔子的思想可以看出，不道德就是狭隘、片面、自私自利，即鄙俗。这样的人就是一个小人，一个渺小的人，即粗鄙无礼之人。一个粗鄙无礼的人也就是一个不道德的人，它比饮威士忌、抽烟及吸食鸦片还要不道德、还要坏，甚至比与异性保持不正当关系的人更不道德和更恶劣。[1]

这里讨论的是一个"不道德"（Unmoralisch）的概念问题，从歌德的诗歌创作引发的故事开始，将这个概念由表层的行为表述引申到深层的品质因子，用武三思举例说明，并不断引证相关论述，如自家和理雅各、阿查立等人的翻译，尤其是作为东西方圣人的孔子、歌德的理解，颇有"东海西海，心理攸通"的感觉。辜鸿铭对歌德的认知显然是相当深刻的，阅读也是深入细致的。无独有偶，卫礼贤也曾将孔子、歌德拿来比较，不过是从生平角度：

此外我们还发现，这也证实了歌德在《诗与真》中向我们明确揭示的伟大真理：一个求索者为完善自己恰好需要的、与其本性相符合的东西，随时会由命运提供给他。孔子当时就以其广博的知识而赢得了重要人物的注意，在他周围汇集了一大批弟子，于是他开办了中国第一所私人学校。一位孔子故国的高官在临死时认识到，孔子将是照料他几个儿子成才的最佳人选，于是便聘他做儿子们的老师。通过这种方式，使孔子有机会来到古老的王都——洛（在今河南省）。尽管周王朝早已失去昔日的雄伟，孔子还是在这里感受到

---

[1] 《呐喊》，载辜鸿铭：《辜鸿铭文集》上册，黄兴涛等译，第507—508页。武三苏当为武三思，原文如此。

了那些古代的气氛，当时全帝国再没有第二个人像他那样熟悉这些时代的知识了。于是我们看到，他热切地、如饥似渴地汲取着那个英雄与圣贤时代所创造的一切，他做梦都想与这些英雄和圣贤交往。他可能因其求知欲而受到嘲笑，但仍不放弃掌握那些时代所产生的任何哪怕最细微的东西。对一个小地方的人来说，当时能在王都逗留是件大事，它对于孔子的意义可能与歌德在罗马城逗留差不多，歌德在罗马也完全沉浸在古代精神中，这种精神赋予其后期作品一种特别完美的形式。此后不久，孔子又有机会充实他在其他领域的古代知识。[1]

在这里，卫礼贤将孔子的洛城之行比之于歌德的罗马之行，颇为有趣，而且很能见出他开阔的视域和奇瑰的想象力，一下子就跨越时空将两个伟人的侨易路线连接在一起了。而作为邦人，卫礼贤对于歌德的认知、把握和领会，更远超出一般的阅读接受："在西方与东方建立富有成效的关系前，以下两个时期相互交替的情况持续了很久：一个是极力反对和残暴压制各种东方思想的时期，另一个是某种东方热使欧洲文化财富至少在短期内面临着被淹没危险的时期。这两种观点都是毫无益处的。前者使欧洲脱离了在人类另一极传播已久、十分和谐的财富，后者面临着迷失自我和沉溺于对某种愚蠢时髦机械模仿的危险。直到最近，这种钟摆现象还使欧洲人的心灵面临着失衡的危险；不过在

---

[1] 卫礼贤：《孔子在人类代表人物中的地位》，载蒋锐编译：《东方之光——卫礼贤论中国文化》，外语教学与研究出版社，2007年，第133页。

此必须强调指出，使欧洲思想变得苍白、对外来思想粗暴和狭隘拒绝的时期，要比心甘情愿地献身于外来财富的时期频繁得多。歌德为此指出，出路就在于自觉承认东西方之间的对立并使人们在思想上自愿接纳这种认识。那些在他之后一百年间还作为片面时髦潮流激动着欧洲的东西，只是表明了那种被他称为'摇摆于两个世界之间'、对我们意味着封闭的精神活动的生命运动节奏，这导致了个人主义在其彻底的自我专断中极度膨胀。"[1] 读到这段话，你得承认，卫礼贤对世界文明的历史把握、对普适性价值的追求、对现时代问题的关切，以及哲人歌德在这样一种框架中所占据的精神史地位其实是有很好的理解和判断的。

要知道，在1910至1914年间，辜鸿铭给卫礼贤写了多封书信；礼尚往来，卫礼贤也同样写了相等数量甚至更多的信件给辜鸿铭，但可惜的是未必能保存下来，至少我们至今尚未能见到。1910年，也就是清末之际，辜鸿铭给卫礼贤推荐了两部著作，即《唐宋八大家》与马端临的《文献通考》，对后者，辜氏甚至引用了法国汉学家雷慕沙（Abel Rémusat，1788—1832）的评论，认为其本身就是一个图书馆，即便中国文学没有其他著作了，仅仅为了阅读此书也是值得学习汉语的。[2] 而辜鸿铭与卫礼贤之所以长期保持通信联系，与其独子（生卒年待考）居留青岛关系颇密。后者乃

---

1 卫礼贤：《歌德与中国文化》，载蒋锐编译：《东方之光——卫礼贤论中国文化》，第247页。

2 辜鸿铭1910年6月10日由上海致卫礼贤函，原文为英文，Hartmut Walravens(zusammengestellt)，*Richard Wilhelm* (*1873-1930*)：*Missionar in China und Vermittler chinesischen Geistesgutes* (《卫礼贤——在华传教士与中国精神产品的中介者》)，S.287-288。

辜氏日本妾侍吉田贞子所出[1]，倍受辜氏宠爱，所以对他爱护有加，不知是否托了关系，反正是入了德国人在青岛办的德华大学。就其与卫礼贤通信来看，信件中不乏替其儿子拜托、借钱、谋职等事[2]，真是"可怜天下父母心"了。沈来秋（即沈觐宜，1895—1969）回忆说：

> 我对辜氏的认识，是从一九一〇年开始的。那时我和他的儿子辜守庸（字志中）在青岛大学同学，这是中德政府合办的一所高等专门学堂。我在预科五年级，他在三年级。那时我上《哲学入门》的课，讲师是奥国籍赫善心博士（H.GUTHERZ），他提到中国现代哲学家辜鸿铭的名字，我们全班同学没有一个人知道他。他又说："他的儿子也在校中学习，你们为何不知道？"这时我们才向辜守庸查询他的父亲究竟是怎样一个人物，为什么外国的教师这样推崇他？辜守庸把他的父亲所著《张文襄幕府纪闻》上下两册介绍给我们看。我们读后觉得内容很平常，看不出著者有什么惊人出众的学问。直到十年以后，我赴德国留学，在那边读到辜氏一些德文版

---

[1] "辜氏曾娶过日妇，其子守庸系日妇所生，这是守庸亲口告诉我的。守庸和我同学时，英语已有相当的根底，并且还弹一手好钢琴，据他说是由他的母亲传授的。其母死后，他就不愿多弹了。辜鸿铭兼通日语这是许多人都知道的事，但是他曾娶过日妇一直是一种秘密。除了他的儿子之外，我还不曾听到有人提及过。"沈来秋：《略谈辜鸿铭》，中国人民政治协商会议全国委员会文史资料研究委员会编：《文史集萃》第4辑，文史资料出版社，1984年，第145页。另参见高令印：《辜鸿铭的姓名字号乡里生卒家事考》，载《永春文史资料》第15辑，中国人民政治协商会议福建省永春县委员会文史资料委员会编，1995年，第79—89页。

[2] 如辜鸿铭1911年10月22日由上海致卫礼贤函，Hartmut Walravens（zusammengestellt），*Richard Wilhelm（1873-1930）：Missionar in China und Vermittler chinesischen Geistesgutes*（《卫礼贤——在华传教士与中国精神产品的中介者》），S.297.

的著作,结合我一向对他所闻所见的,逐渐明白了为什么很多外国人这样崇拜他。[1]

他也提到了辜鸿铭与卫礼贤的友谊:"青岛有一所'礼贤书院',系德国牧师尉礼贤(Richard Wilhelm)创办的。尉氏二十五岁从德国来到山东时,就勤修中文,一面传道,一面研究中国经史诸子百家,这时期与辜氏在青岛成为密友。辛亥革命以后至第一次世界大战结束以前,在这将近十年期间,尉礼贤有系统地把中国经典书籍译成德文,同时也把辜鸿铭的思想介绍给德国人,大为吹嘘。二人国籍不同,却是同道。"[2]可见当时在时人的舆论圈子里,卫礼贤和辜鸿铭的关系是为人所熟知的。不仅如此,卫礼贤还会将辜鸿铭这样的妙人介绍给来访的朋友,如哲学家凯泽林。他这样记录下两名哲人之间的思想交锋:"有时,突然会有人敲门,然后辜鸿铭就走了进来,做他当夜的造访。当他还没有用完他要的那份简单的晚餐时,谈话的火焰好像是闪开的火花一样迸射。伯爵说话时,辜鸿铭总是迫不及待,等不到轮到自己。他把中文、英文、法文和德文都混在一起,又说又写。这位东方哲人的心灵和头脑中充满了各种各样的思想和感觉,包括整个世界的历史和神圣的创造计划,以及远东的精神和西方的野蛮掠夺。他把所有的一切都倾泻给伯爵。宴饮终于结束了,曙光透过窗棂照射进来。地上撒落着没踝的碎纸,上面写满了欧洲和中国的格言、各种建

---

[1] 沈来秋:《略谈辜鸿铭》,中国人民政治协商会议全国委员会文史资料研究委员会编:《文史集萃》第4辑,第143页。

[2] 同上书,第144页。

议、妙言警句和引语。辜鸿铭起身去睡觉，吉色林伯爵承认自己面对着一个充满活力的中国人。"[1] 不仅是凯泽林，还有帕盖特，他们都因由这种与辜鸿铭面对面的直接接触，而感受到辜氏思想的魅力，返德之后就成了其在德国的积极介绍者。[2] 凯泽林对这一点印象也极为深刻：

> 我每天都要花很多时间与辜鸿铭和他的朋友以及追随者待在一起。这个人的精神极其丰富，情绪十分饱满，有时让我在他的身上仿佛看到了罗马人的影子。今天，他详细阐释了欧洲人，特别是汉学家，将中国的文化发展视为一个孤立的进程，而没有将其与西方的文化发展进行比较，是如何的错误：因为在事实上，这两种文化发展都是遵循了同一个模式。二者都曾经历了一个同向的古代和中世纪，都曾经历了文艺复兴和启蒙运动，以及宗教改革和反宗教改革，都曾经历了希波来主义和希腊主义、理性主义和神秘主义交替占据主导地位。是的，这一对照物甚至可以比较到最细微处：例如，中国也曾经有过骑士。我对中国的历史了解不够多，因此无法对上述比较的真实性进行考证，但是，辜鸿铭对一种过于廉价的、令人联想起南意大利的唯理智论予以了极大推崇，这令我对他产生了怀疑，正如同我对他的绝大多数同胞一般。然而，至少下述表述

---

[1] 卫礼贤：《中国心灵》，王宇洁等译，国际文化出版公司，1998年，第147页。吉色林即凯泽林、盖沙令。可参见 Hermann Graf Keyserling, *Das Reisetagebuch eines Philosophen*, Band 1, Reichl Verlag, 2009, S.483.

[2] Salome Wilhelm, *Richard Wilhelm：Der geistige Mittler zwischen China und Europa*（《卫礼贤——中国与欧洲间的精神使者》），S.184.

是符合史实的：一切历史状态都是由特定的历史环境决定的关于人类生活的统一自然形式的特殊现象。因为可能的构成形式因环境的不同而会在少数几种模式之间来回摇摆，其后果看起来似乎处于一种规则的统治之下，于是便会不可避免地发生：素质和天性相似的所有民族必然也会经历相近的发展阶段。[1]

显然，他们之间的思想碰撞是十分精彩的，而且彼此是能在较为共通的知识基础上讨论问题的。凯泽林一方面对辜鸿铭的言论表示谨慎的质疑，但另一方面也记录下对方很有趣的思想，譬如他写道："辜鸿铭认为，中国最主要的先天不足在于，思想在形式中渐渐消亡，而他存在的唯一目的，即是为字母注入新的精神。关于这一点，每一个具有思想的访客都会在第一时间觉察到。他所指的精神，与约翰福音—基督的精神较为相近。但是，他显然将儒教也视作一种形式，而在此当中，思想能够得到最好的实现。"[2] 在这里，东西两种知识、宗教和文化系统始终是在共同发生作用，有一个共享的精神坐标系，所以也就难怪他不得不承认："我一边倾听辜鸿铭的高谈阔论，一边全神贯注地观察他那写满了精神之气的面部演绎的丰富表情。我可以直接听懂他的语言，所以不得不满怀惭愧地想起了那些胆敢皈依所谓'异教徒'的传教士们。"[3]

---

1 赫尔曼·凯泽林：《另眼看共和——一个德国哲学家的中国日志》，刘姝等译，福建教育出版社，2015年，第119—120页。
2 同上书，第126页。
3 同上。

如果说仅就单纯的知识而论，辜鸿铭曾长期居于类乎师者的地位，但如果将孔子、歌德上升为文化符号的时候，那么这两者所蕴含的内容与精神意涵，则需要接受者本人更多的投入和全身心汇通。从这个意义上来说，需要更深入地考察两者的知识形成和思想发展过程，包括与社会史紧密相连的生活史面相。譬如潘光旦就认识到卫礼贤的见识高度，曾专门撰文称卫礼贤"不赞成两种不相同的文化胡乱的混合，尤其是在艺术的一方面。卫氏有一次经过改建后的黄鹤楼，禁不住说了许多气愤的话。他说，'这新建筑真是奇丑，不但自己丑，把四围的风景都给带累了。造成这件怪物的工程师对于中国艺术，原有很好的了解，谁知道他惑于西洋建筑的一知半解，把西洋建筑里最丑陋、最粗俗的成分都给引了进去，结果是一个不伦不类的混合物，浅薄、下贱、破碎，把当地的文化给从根破坏了'"[1]。这种对于中国传统文化，尤其是器物型文化的深入体验感，以及对中国文化的"融入感"，不是常人所能拥有的，更非一外国人能达致，所以也难怪能获得像潘光旦这样人物的激赏。

三 在传统与现代之间：北大场域的同事之谊

如果说，在长期的交往过程中，卫礼贤对辜鸿铭充满了敬重甚至感激之情，可到了1923年，当卫礼贤出任北大德文系教授，有幸与昔日老友辜鸿铭同事之时，却已是世变人非，非复当年了。蔡元培掌校之

---

[1] 潘光旦：《卫礼贤与中国学院》，原载《华年》第2卷第20期，1933年5月20日，转引自潘光旦：《逆流而上的鱼》，吕文浩编，商务印书馆，2013年，第304页。

后的北大，虽然秉承洪堡理念，主张"思想自由，兼容并包"，但绝非简单地"拿来"而已，他显然有自己的教育观念，其时北大归来之留学教师往往各自鼓吹留学国之文化，蔡元培对此深恶痛绝且耻与为伍[1]，他明确表示担心留学生"模仿太过而消亡其特性"，并认为如此只能造成"留德者为国内增加几辈德人，留法者、留英者，为国内增加几辈英人、法人"的结果。[2] 作为英国文学教授的辜鸿铭，早在1915年9月之前，他即受聘北大，讲授英诗、拉丁语诸课程，在9月份的北大开学典礼上也曾作为代表发言。但彼时的教育也一样随着政治变动瞬息而变，校长更换颇为频繁，所以当1916年12月底，蔡元培出任北大校长后辜鸿铭虽仍得以继续留任，或更属于一种"兼容并包"的策略而已，其后是有着当家人明确的自家眼光的。在1919年，被罗家伦"告发"的辜老师[3]，实际上已经被"下课"了。但总体来说，其时英文系学子对辜老师的学术水准还是心服的："对于辜鸿铭的英文，我们英文系的学生是佩服的，对于他骂外国人的话，我们都觉得痛快，可是对于他的保守思想、顽固脑筋，我们真不敢恭维。他对于一切新兴事物都成见很深。对于新文

---

1 参见陈洪捷撰：《德国古典大学观及其对中国的影响》，第114—115页。
2 蔡元培：《在清华学校高等科演说词》(1917年)，《蔡元培全集》第3卷，第28页。
3 参见《罗家伦就当前课业问题给教务长及英文主任的信》。北京大学档案馆馆藏档案，1912—1946，卷宗号BDl919031。另参见黄兴涛：《罗家伦致信北大校方赶英文老师辜鸿铭"下课"——一份新见北大档案的介绍与解读》，载《光明日报》2008年6月26日。黄兴涛：《编号"BD1919031"的北大档案——对罗家伦致校方要求辞退辜鸿铭函的说明》，载《中国图书评论》2008年第8期，第33—41页。邱志红：《从辜鸿铭在北大任教始末看北大"英文门"时期的师生状况》，载中国社会科学院近代史研究所编：《中国社会科学院近代史研究青年学术论坛》2008年卷，社会科学文献出版社，2009年，第111—131页。

化运动,他始终反对,认为这是一班留学生'用花言巧语,哄骗社会'(use flowery words to fool the public)。对于学生办杂志、写文章,他也反对,认为年轻人,见解不成熟,写出文章会贻误苍生。他在我们的班上说过,他留英时曾和两位同学相约(其中一位我记得是汉学家 Giles),不到四十岁不发表文章,后来他们三人果然都做到这点。他也常说,只有死猪、死猫、死狗才浮在水面,金银珠宝是沉底的。又常引述张之洞的话教诫我们:'有官气的该打,有名士气的该杀。'对于学生他只希望他们好好读书,国事无论怎样,也不要多管。用他自己的话说是要像广东戏里面的落难小生'上山学法',等到学成本领,再出台时就会由小生改换小武扮演,在大锣大鼓声中才出台了。"[1] 从这段回忆来看,辜鸿铭获得学生尊重,也不仅是在英语文字和文化上的熟稔,他这种对文化的深度认知和做人的气节,也不是一般人能轻易媲美的。

辜鸿铭与欧尔克(Waldemar Oehlke,1879—1949)的来往也值得重视,欧尔克对辜鸿铭显然印象也相当深刻[2],诚如他称赞商承祖是最好的学生,然后是唐性天,他夸赞他的运动天赋。[3] 不过,欧氏与辜鸿铭相差不少,说起来他更是晚辈了,其时辜氏是拉丁文教授,学术地位非

---

1 陈兆畴:《我所知道的辜鸿铭》,载全国政协文史资料委员会编:《文史资料存稿选编》第24辑,中国文史出版社,2002年,第1009—1010页。

2 Waldemar Oehlke,"Die deutsche Wissenschaft in China"(《德国科学在中国》),in *Süddeutsche Monatshefte*(《南德意志月刊》),Jg.1925. Juni,S.76-77. 中译文转引自方厚升:《辜鸿铭与德国》,上海外国语大学德语系博士论文,2007年,第93页。

3 Waldemar Oehlke, *In Ostasien und Nordamerika als deutscher Professor: Reisebericht(1920–1926)*(《在东亚与北美做德国教授:旅行报告(1920—1926)》),Darmstadt & Leipzig: E. Hofmann,1927,S.38.

同一般,但欧尔克当然也是有学问的,所以两者颇有交流。他称辜乃一"蓄辫之白须老叟",对歌德甚为推崇[1],且尤喜征引歌德与海涅著作。有一次两者谈话,辜谓海涅乃德国最伟大之诗人,引起欧氏的不满,称:"您不至于将一个中国的犹太人看作中国最优秀的抒情诗人吧?"[2] 百年以下,我们终能看出辜氏的高明之处,海涅当然是德国最伟大的诗人之一,而且其作为所谓"背叛的浪漫派"(romantique défroqué)[3],很能显出"浪漫其表,启蒙其导"的独特思想史特征,是德国文学史上辉煌时代的一个代表,无论是那被多次谱曲、四处流唱的"乘着歌声的翅膀,心爱的人,我带你飞翔,向着恒河的原野,那里有最美的地方"(Auf Flügeln des Gesanges, Herzliebchen, trag ich dich fort, Fort nach den Fluren des Ganges, Dort weiß ich den schönsten Ort)[4],还是"德意志的歌手!请歌咏德意志的自由!"(Deutscher Sänger! sing und preise Deutsche Freiheit)[5],都是既有诗境之美,又有思想之深的难得佳作。但欧尔克显

---

1 关于辜鸿铭对歌德的征引情况,可参见卫茂平、马佳欣、郑霞:《异域的召唤——德国作家与中国文化》,宁夏人民出版社,2002年,第342—352页。吴晓樵:《辜鸿铭与歌德》,载《中华读书报》2000年1月19日。方厚升:《中西文化关系的一个视角——再谈辜鸿铭眼中的歌德》,载《科学·经济·社会》2008年第3期,第25—29页。

2 Waldemar Oehlke, *Sechzig Reisejahre eines Danzigers, durch die Welt und um die Erde* (《一个旦泽人的六十年旅行经历:穿越世界与围绕地球》), Danzig: Kafemann, 1940, S.172-173.

3 海涅:《自白》(1854年),载张玉书选编:《海涅文集·小说戏剧杂文卷》,人民文学出版社,2002年,第247页。

4 用冯至中译文《乘着歌声的翅膀……》,载冯至:《冯至全集》第九卷,河北教育出版社,1999年,第82页。

5 海涅:《倾向》(1842年),载海涅:《乘着歌声的翅膀——海涅诗选》,杨武能译,广西师范大学出版社,2003年,第140—141页。

然有颇为浓烈的德意志情结或曰耳曼情绪，他显然不能接受海涅作为一个犹太人而被认定是德国最伟大诗人的事实；而就此意义而言，辜鸿铭显然更能站在超越民族狭隘界限的更为广阔的文学史和文化史的层次上来考虑问题。

其实，卫礼贤与辜鸿铭的北京交谊并非至此时方才开始，早在1915年时，他们就曾一起发起成立过"东方学社"这样的学术组织。如果我判断不错，当时在北京文化场域之中，有一批对沟通中西文化有兴趣的西方人物，对外国人，他们可能是外交官、汉学家、传教士等各种身份兼具者；对中国人，他们可能是具有涉外经历，既有西方识见，又有中国学养者。但偶尔客串和移居当地甚至彼此共事，还是具有本质不同的事情，所以当卫礼贤转会北京，尤其是入职北大，还是对卫、辜交谊产生了很大的影响。如果说，卫礼贤对蔡元培的敬重更多出于一种理解其实现文化与教育变革使命的场域地位的意识，那么辜鸿铭对卫礼贤的深刻影响，则主要是在精神上留下了深刻痕迹。从翻译的作品，到思想的发展，都可见证这一点。譬如辜鸿铭、卫礼贤都选择翻译了《论语》。1898年，辜氏之英译《论语》出版；无独有偶，一年后，卫礼贤来华，而其第一部中国经典德译，所选择的也正是同一部书——《论语》，1910年在耶拿由迪德里希出版社印行，引言32页，正文255页。

必须指出的是，辜鸿铭在北京场域中的活动也是相当复杂的，不仅是学术／文化场域而已；因其鲜明的政治立场，所以他也被深深卷入政治场域的是非中去，譬如张勋复辟。时任奥国驻中国公使的骆司同（Arthur von Rosthorn，1862—1945）这样记载道："有一天张勋在北京出现,并占据了皇宫。辜鸿铭兴致勃勃地到我处嚷道:我们又有了皇帝,我要当外务大臣了。"[1]这多半有些吹嘘的成分,实际上辜鸿铭获得的职位是外务部侍郎(力任调停江浙之责)。由此看来,辜鸿铭与骆司同关系匪浅。这也不难理解,有德语和日耳曼文化这样的共同背景,辜氏很容易敲开奥国公使的大门。更何况,辜鸿铭的名气很大,在文化场域中声名显赫。但辜鸿铭的兴奋显然没有延续多久,他甚至不得不求助于奥国公使的庇护:

> 还不到一周时间,段祺瑞就把张的部队赶出了北京。辜到我这儿请求政治避难,因为他正处于生死未卜的境地。我借给他一间房,单就吃饭问题他与我们的服务人员订了个协定。他住了几个星期。我利用这段时间同他一起读了《道德经》。当叛乱造成的混乱局面平息后,我恳请外交部部长让他不受处罚就回到自己家里,同时为他今后的行动作了担保。外交部部长没有任何异议地接受了。辜和他的一家从此生活得无忧无虑。可我们的外交部对这种干涉他国内政的事又会作何解释?[2]

具有人类理性公正的骆司同陷入两难,一方面他对这种干涉他国内

---

[1] 转引自格尔德·卡明斯基、埃尔泽·翁特里德:《奥中友谊史》,包克伦等译,世界知识出版社,1986年,第182页。关于罗斯托恩及其在汉学史上的贡献,可参见傅熊:《忘与亡:奥地利汉学史》,王艳等译,华东师范大学出版社,2011年,第110—133页。骆司同即罗斯托恩。

[2] 转引自格尔德·卡明斯基、埃尔泽·翁特里德:《奥中友谊史》,第186页。

政之事觉得"心有歉疚",另一方面他又不能"弃私交于不顾",更何况是对辜鸿铭这种"政治上糊涂、学问有天赋"的可爱的文化人?你没有看到在辜老先生在使馆中避难时,公使先生最大的兴趣在于一起研读《道德经》吗?时在1917年,距离中国对奥宣战,骆司同即将离任不为太远。但尽管如此,学者生性的骆公使仍利用他有利的政治位势,给予了异国的文化怪人力所能及的"慷慨相助"。卫礼贤在京也有过一段出任外交官的经历,即1922年时曾短期出任德国驻华使馆的科学参赞,但这也就是一个虚职,一旦经费紧张,就被"裁员"了。但这个官方职务仍为卫礼贤的中国行动提供了相当多的便利和可能性,譬如接待杜里舒(Hans Driesch)访华以及与中国现代型的知识精英的交往等等。

1923年,蔡元培辞北大校长职,辜鸿铭也随后辞职。所以,辜鸿铭与卫礼贤在北大场域的交集也就在这一年左右的时间。按照他们的关系,在北京期间应该是继续有所交往的,这需要进一步发掘新材料来论证;当然也存在另一种可能,即由于时间的短暂和公务的繁忙,譬如卫礼贤在北大期间兼课甚多,彼此间实质性交往未必很多。但考虑到英文系、德文系的关联性,这个问题还是值得进一步考索的。

四 德国文化场域里的"辜子推广":
时代语境里的中国思想选择维度

辜鸿铭自己曾在北大课堂上对时代精英做了这么番考评:"现在中国只有两个好人,一个是蔡元培先生,一个是我。因为蔡先生点了翰林之后不肯做官就去革命,到现在还是革命。我呢?自从跟张文襄(之洞)做了前清的官以后,到现在还是保皇。"[1] 这一判断,立足于中国人传统的节义观念,倒也别有趣味。更有趣的是,这两者都有留德经历,也就难怪,作为德国汉学家的卫礼贤,与他们分别代表的"现代中国"与"传统中国"都有甚为密切的关联。其标志性的表现,则无外乎一方面极力举荐蔡元培为法兰克福大学的荣誉博士候选人,另一方面却为辜鸿铭的著作德译与推介不遗余力。卫礼贤的行为及其背后的思路,真是值得让人细加揣摩。虽然具有"思想自由,兼容并包"胸怀的蔡校长,并不可以与同辜鸿铭势不两立的新派代表如胡适之相提并论,但事实上,蔡氏之"兼容并包"确实有自己的立场与定见,从根本上来说,他终究是五四新文化的主帅人物。与高擎文化保守主义旗帜的辜鸿铭,从本质上来说可谓"势同水火"。可有趣的是,恰恰是这位指挥若定进行北大改革的蔡校长,包容了作为英国文学教授的学者辜鸿铭。

更加有趣的则在于,卫礼贤这位汉学家,既推崇新文化改革者蔡元培的雍容大度,更不忘稀奇古怪的文化古董辜鸿铭。[2] 当然,从本质而言,作为汉学家的卫礼贤,对代表传统中国的辜鸿铭,或许更有一种亲近与同情。这或许正是他对辜鸿铭在思想上更有共鸣的缘故。从另一个方面来说,或许也不应该脱离了德国其时在欧洲与世界语境中的状况与

---

1 罗家伦:《回忆辜鸿铭先生》,原载台湾《艺海杂志》第1卷第2号,转引自宋炳辉编:《辜鸿铭印象》,学林出版社,1997年,第141页。
2 关于两者之间关系的一个基本描述,可参见方厚升:《超越偏狭,走向宽容——评卫礼贤对辜鸿铭的接受》,载《四川大学学报》(哲学社会科学版),2009年第2期,第69—74页。

需求。选择了辜鸿铭，实际上就是选择了孔子。这一点，卫礼贤不会不清楚。他在德国文化场域里所做的"辜子推广"工作，其意义深远，不可不察。这不仅意味着"重塑精神偶像"的工作，也还标示出现代德国精神走向的另一种可能。20世纪20年代的德国，正是烽烟四起，民主虽行却危机深伏的时代。这不仅表现在政治场域中的"纳粹夺权政变"，也还同样反映在文化场域中的"话语权力之争"。纳粹党之崛起，与一战德国失败及德意志民族的整体反思度有关；魏玛德国的短暂历史，其实正说明了民主制度未必就符合大多数德国人的向往，至少他们对于这种源自英法的制度源流并非那么合拍，那么向外寻求可能的另类范式，自然就成为精英阶层的自觉或不自觉意识，而在这种背景下的"辜子推广"[1]，自然也就显得意味深长。20世纪20年代时的德国，似乎重承历史端绪，再次将关注的眼光投向东方，使得中国文化在动荡时代的德国再次成为了一种精神资源。而且有趣的是，儒道二元同时并进，既有盛极一时的老子派组织如"自由德意志青年"（Freideutsche Jugend）、"游鸟"（Wandelvogel）等，他们认为现代西方流于物质主义，人类精神生活受到束缚，陷于枯竭，故此追求一种极端境界——"大率衣履务尚简朴、行动极求自由"，并且认为："吾德青年，今既处于烦琐组织之巅矣。吾辈之创造精神，为社会强固之形式所束缚者亦久矣。今见此东方圣人，犹不知急引为解放我辈之良师者乎……东方圣人老子等，其道以超脱世界一切为

---

[1] 当然我们注意到：1911年时，卫礼贤即已将辜鸿铭著《中国牛津运动故事》译为德文，在德国出版；1916年，《春秋大义》德译本出版；1920年，《呐喊》德译本出版；1921年，《中国牛津运动故事》德译本重印。

务，大浸稽天而彼不溺，流金铄石而彼不热者也。吾辈精神之权利与无条件之自由、与夫内部之统一，其事只能由吾辈奋斗与斗争而后为功，而决不可以苟得。此种工作，盖莫若寻此东方圣人以为首领。"[1] 同时也有代表孔子立场的现代儒家圣人辜鸿铭受到崇拜，1919年，奈尔逊创立了著名的青年组织"国际青年团"(Internationaler Jugend Bund)，该组织尊孔，抨击现代西方民主主义的虚伪、国会制度的弊害和军国主义的罪恶，同时推崇"贤人政治"理想，认为这一理想"在西方创之者为柏拉图，而在东方则为孔子，然孔子之学尤为鞭辟进里，易于实行"，所以奉孔子为思想导师。当时中国留德学生曾对其有所介绍："其党徒之言行举止，一以《论语》为本，每有讲演，必引孔子格言，以为起落。"[2] 而更重要的，作为"国际青年团"领袖的奈尔逊"不仅是个孔子信徒，而且还是个辜鸿铭的狂热崇拜者"，在他和其团员心目中，"孔子是人类最伟大最深刻的创教人，辜鸿铭则是孔教最杰出的当代圣徒"[3]，他们则成为向德国年轻人传播辜氏学说的重要中介，所谓"德国青年之了解孔子，以辜鸿铭氏之力为多"[4]，而"凡属'国际青年团'之人，几无一人不知孔子，更无一人不知辜鸿铭"[5]。

---

1 见《德人之研究东方文化》，《亚洲学术杂志》第4期，第11—12页，转引自黄兴涛：《文化怪杰辜鸿铭》，中华书局，1995年，第262—263页。
2 见《德人之研究东方文化》，《亚洲学术杂志》第4期，第15页，转引自黄兴涛：《文化怪杰辜鸿铭》，第263页。
3 黄兴涛：《文化怪杰辜鸿铭》，第263页。
4 见《德人之研究东方文化》，《亚洲学术杂志》第4期，第12页，转引自黄兴涛：《文化怪杰辜鸿铭》，第263页。
5 同上。

同为留德学人，以数理为专业的魏时珍、章用二氏都曾亲历了德国教授对辜鸿铭的竭力推重之事，说来饶有兴味。任何一种观念进入到某种语境并产生实质性影响，往往是与翻译史密切相关的。对"辜风入德"来说亦是如此，在20世纪初先后在德国出版的三部辜氏著作，意味不同寻常。《中国牛津运动故事》出版于1911年，《春秋大义》出版于1916年，《呐喊》出版于1920年。这三部著作，指向不同，但都反映了辜鸿铭的基本思想倾向，尤其是借助欧洲人耳熟能详的人物、引语和故事，来说明中国文化及其精神世界，再加上他本身的留欧背景和流利英语，所以很容易受到西方人的关注。而辜鸿铭的德国影响，也主要是通过这三部书而获得的。[1] 其三书的德译者分别是：卫礼贤、施密茨（Oskar A. H. Schmitz, 1873—1931）、老纳尔逊（Heinrich Nelson, 1854—1929）。这三位译者除了卫礼贤的汉学家身份之外，老纳尔逊是受子之托而由英文转译，施密茨也是通过英语翻译的，这其中我们既要注意到英语作为国际知识界语言的基础性功用，辜鸿铭本身的发表就是以在华西文报刊为主要阵地的，同时也要观察到，德国的主流学界和中介桥梁（汉学家）是齐步并进的，他们对外来思想资源的选择和输入是与德国本土的政治和文化需求密切相关的，说到底，"读书不肯为人忙"仍是主要的思路。我们会注意到，即便在西方语境里，也有细度区

---

[1] 笔者于1999年4月在莱比锡大学图书馆曾查找到这几本书，并将其译序复印，即1920年版德文本《呐喊》，奈尔逊作译序；《中国对欧洲思想的抗拒：批判论文》德文本（即《中国牛津运动故事》的德译）前言，第7页，耶拿，迪德里希出版社，1921年，帕凯特作译序；《中国人的精神》德译本，奥斯卡·施密茨作译序。

分的差别，譬如《中国牛津运动故事》（英文原著）的德文书名为《中国对欧洲思想的抵抗》，显然是纳入到当时德国文化和社会场域来考量的。

就此而言，作为主流场域人物的哲学家纳尔逊（Leonard Nelson，1882—1927）的思想和作为至关重要，他称"并世同辈中，吾所佩服者当以辜鸿铭为第一"[1]，认为辜氏的哲学本身"意义是很深厚的"[2]，并进而可以理解孔教精义，并且自述："初读《论语》，无有深意，及读辜氏著《中国民族之精神》，以后复读《论语》，始深明孔子之道，尚有合于近代政治者，自此遂一意以传播孔道为事。"[3] 其父老奈尔逊在《呐喊》的"译者前言"中对辜鸿铭有这样的评价："在这里，我们面对的是一个极不平常的人，一个还远没有引起人们足够重视的人。这个人，他对西方文化有广泛的涉猎和深入的了解；这个人，他熟悉歌德就像一名德国人，熟悉卡莱尔、爱默生和别的盎格鲁-撒克逊作家就像一名盎格鲁-撒克逊人；这个人，他通晓圣经就像一位最好的基督徒，然而他的独立的明确的精神却拥有一种强大的力量。他不仅自己保持其固有的特征，而且还认识到，脚踏实地立足于自己古老、可靠的文化基础，不要去生搬硬套只适用于另外一种社会状况的西方文化，这对于东方居民的自我生存是极为必要的。在他看来，现代西方文化的物质文明对他的民族只

1　见《德人之研究东方文化》，载《亚洲学术杂志》1921年第4期，第15页。
2　魏嗣銮：《辜鸿铭在德国》，原载《人间世》1934年9月第12期，转引自宋炳辉编：《辜鸿铭印象》，第213页。
3　见《德人之研究东方文化》，载《亚洲学术杂志》1921年第4期，第12页。

是破坏性的、毁灭性的有害东西。"[1] 但这并不代表对辜鸿铭乃至中国文化的盲目崇拜,奈尔逊说得也很清楚,"如果毫无选择地吸收中国文化,对于我们来讲是根本不可能的"[2],所以他的期望还在于有所辨择、积极学习:"我们所有的人都可以向这位中国人学习,由此,我们可以首先弄清一些根本观念,在此基础上建立起来的世界观才能成为确定的、经受住生活各种风浪考验的世界观,从这种世界观出发,我们才能认识和理解生活的真谛,然后,我们就会豁然开朗,睁大双眼,对古老的宗教、教育、民主、祖国、自由、荣誉和人道概念,不带任何先入之见,充满极其强烈、极其纯洁的渴望,并使之焕发出蓬勃的生机,从而为我们德国人民的生活塑造出美好幸福的未来。"[3]

1928年,以古稀之高龄,享文化之尊荣,虽荣山东大学校长之任(军阀张宗昌任命),但辜鸿铭未及赴任,即于4月30日病逝于北京寓所。两年之后(1930年),他的异国知音,在法兰克福如愿以偿开辟了汉学学科的卫礼贤,竟也因病而逝,追踪他的步履去了。

作为中德文化交流史上不可多得、难以复制的个案,卫礼贤与辜鸿铭的交谊,同样意味深长,如果说卫礼贤与蔡元培等交谊,更多地彰显出在中国语境里的功用;那么,卫礼贤与辜鸿铭的交谊,则突出地表现在德国文化场域中的重要贡献。因为,卫礼贤推出的辜鸿铭,与其说是现时代的文化奇观,不如说是古中国的精神象征——代表了孔子思想的

---

[1] 《呐喊》,载辜鸿铭:《辜鸿铭文集》上册,黄兴涛等译,第487—488页。
[2] 同上书,第488页。
[3] 同上书,第490页。

现代圣人。具体言之，其意义至少表现为以下三端：其一，它体现出东学西渐（此指德国语境）过程中重要的转折环节，即中介精神主体乃是与"乡土中国"发生血脉关联的传教士／讲学者；其二，它标志着外来精神主体（传教士／讲学者）与中国创造主体（留学生）的良性互动合作可能，即这种合作不仅表现在德国学术／文化资源对中国现代学术规制生成的作用力度，同样也具有反向功用，即中国学术／文化资源对德国现代文化／社会场域的变迁与发展产生重大影响；其三，它提供了我们重思中国现代学术／思想建构进程中别种视角，即反思原有的"保守""进步"二元评判模式，而以一种更客观、理性与中和的历史眼光去面对辜鸿铭的文化守成意义，将其放置在更为广阔的世界视野（首先是与德国比较的参照视野）、历史长河（而非仅仅是"五四"的启蒙需要）中去考察之。吴宓在辜氏身后曾有文悼之，盖棺论定称"毁之固属无当，而尊之亦不宜太过"[1]，可谓是见道之言。卫礼贤在日后的岁月里，也将辜鸿铭逐步降下神坛，认为他对中国传统文化的热爱不过是"一种浪漫的偏爱"而已，其定位也在浪漫主义者。[2] 事实亦是如此，再伟大的人物，都不可能永远伴随着鲜花和掌声，何况辜鸿铭性格过于偏执，对欧洲与西方文明的精髓过于视而不见，这并非智性的态度，也失去了提升自家思想力的大好机遇。毕竟，像他这样能够深入底里的学习和认知

---

1 吴宓：《悼辜鸿铭先生》，载辜鸿铭：《中国人的精神》附录，张帆译，河南文艺出版社，2014年，第148—151页。

2 Richard Wilhelm, *Politische Entwicklungen in China*（《中国的政治发展》）, in *Sinica*, 1927, Vol.2, S.157.

西方，同时又在亚洲和东方语境中"再造自我"的可能性不太多。

五 "反思浩茫"：对辜鸿铭的超越及思想家卫礼贤的成型

作为德国场域或德语影响力所及的西方思想场域里的中国知识书写者，卫礼贤其实在某种意义上是有着笔落千钧的判定力的，也就是说，西方知识界和社会场域对中国的认知和人物的英雄排座次，可能受到他相当程度的影响。所以在这样的背景下，我们考察其对同时代的中国精英人物的论述和评价无疑是饶有意味的。在1927年，卫礼贤发表了一篇《中国的政治发展》，对辜鸿铭做了这样的评价：

> 辜鸿铭受的教育完全是欧洲式的。他在苏格兰获得了他的硕士学位。他出身于英属殖民地的华侨世家，出生地在新加坡，祖籍为福建。他的英语相当好，也能阅读德文书籍，德语文笔也非常好，法语和日语同样出色。他还是周游过世界的中国人中的一位。辜鸿铭虽然了解欧洲文化，某种程度上也欣赏它——他一再向我保证，他认为歌德是人类历史上最伟大的人物之一，可是这位辜鸿铭先生却成了一个脾气暴躁的中国人，他把自己对西方的全部知识都用在了论战上。中国对异质文化的反抗是他论战的核心主题，他总是花样翻新地一而再，再而三地论证他的这一观点。在中国人看来，他只不过是一个归国后改变了自己信仰的家伙。在伦敦，在爱丁堡，

他是一个欧洲人。现在,他回到了中国,发现了中国,就像一个欧洲人发现了中国一样,他还爱上了中国,就像每一个来到中国后就不得不爱上它的外国人一样。他还学习最初非常陌生的中文,最终到了以中文自由写作的地步。今天,他成了以中国文化反对欧洲文化的坚定代表。不过,尽管他蓄起了辫子,并一直留到今天,而且,只要辫子的状况还能过得去,他就坚持不剪,但他从未成为一个真正的中国人。或许正是出于这种原因,他对中国传统文化保持着一种浪漫的偏爱。在文化界,他成了一位很重要的人物,他的著作也在欧洲出版了。我们可以看到,他阐释的中国传统文化对我们来说非常通俗易懂,他还直率地说出一些令我们欧洲人感到难堪的事实。然而,在政治上,他只是一个小孩子。在那次试图将清朝贵族重新扶上皇位的复辟行动中,辜鸿铭曾经想当外交部部长;他作为外交部部长所要实施的那些想法很美好,但在英、法、俄等国看来,都不过是浪漫主义者的梦幻而已。这样,辜鸿铭终生都是一个浪漫主义者。[1]

这样一种转变无疑是清晰的,诚如有论者指出的,"随着时间的推移,卫礼贤对辜鸿铭的看法逐渐出现了变化,特别是进入 20 世纪 20 年代以后,他在一些评论文章中提及辜鸿铭时,由衷的赞美之词已消失不

---

[1] Richard Wilhelm, *Politische Entwicklungen in China*(《中国的政治发展》), in *Sinica*, 1927, Vol.2, S.157. 中译文引自方厚升:《君子之道:辜鸿铭与中德文化交流》,第 248—249 页。

见，批评色彩开始鲜明起来"¹。为什么卫礼贤对辜鸿铭的判断有这样鲜明的变化，那是因为卫礼贤思想的进步，这样一种侨易经验的不断积累，使得思想家卫礼贤逐渐成形，而且由于知识领域的拓展和思想创力的提升，他对问题的看法越来越能立足于一种知识与思想谱系地图的勾画，并且能在其中把握位置。譬如他曾特别强调中国文化传统在政治变局中的延续性力量，列举的几个代表人物包括：康有为、梁启超、章太炎、蔡元培、孙中山。²辜鸿铭并不在其列，论交情，他和辜鸿铭的交谊无论是时间还是深度都是他人难以比拟的，但有趣的则在于，卫礼贤却做出了并不有利于这份友情的评判，这并不是因为两人私交变化的缘故，而更多出于卫礼贤作为一个知识精英和史家的自觉意识，他试图在一个更为客观和公正的尺度上来做评价。

卫礼贤非常明确地指出易经是中国文化的发源所在："……我们可以断定，在易经之中，凝聚了千年之久的最成熟的智慧结晶。这样的话，认为中国哲学的两大主流，即儒家与道家的共同思想源泉在此处，那也就不足为奇了。"³他对中国文化的二元结构分析是颇有意味的：

---

1 方厚升：《君子之道：辜鸿铭与中德文化交流》，第246—247页。

2 Richard Wilhelm, *Sind die Chinesen ein sterbendes Kulturvolk*？(《中国人是一个消亡的文化民族吗？》), in *Sinica*, 1929, Vol.2, S.204. 参见方厚升：《君子之道：辜鸿铭与中德文化交流》，第249页。

3 德文为："……so daß man ruhig sagen kann, daß im I Ging die reifste Weisheit von Jahrtausenden verarbeitet ist. So ist es denn auch kein Wunder, daß beide Zweige der chinesischen Philosophie, der Konfuzianismus und der Taoismus, ihre gemeinsamen Wurzeln hier haben." "Einleitung"（《导论》）, in Richard Wilhelm (übertr. u. hrsg.), *I Ging: Das Buch der Wandlungen* (《易经》), Düsseldorf Köln: Eugen Diederichs Verlag, 1981, S.9. 作者自译。

中国文化有两个源泉和与之相应的双重特征。北方严肃认真，建筑物线条简洁但粗重庄严，绘画凝重粗犷，文学崇尚英雄，冷静和客观。从孔子和孟子开始，人们的整个性格都具有这样的倾向。南方细腻、感情丰富，建筑物多拱形和重叠线条，富有想象力和表达力，绘画悦目幽默，文学深刻，感情细腻且灵活；自老子和庄子起，人们也体现出这种特点。当中国开始为欧洲所知时，由于北京耶稣会传教士的介绍，首先出现在欧洲视野里的是北方类型，孔子哲学对启蒙时期的文学和哲学产生了何种影响，其具体影响还难以估计。[1]

在我看来，正是借助歌德的知识与思想资源，卫礼贤使自己的精神境界不断高易，"随着年龄的增长，歌德的精神视野也在阔大。人类越来越作为一个整体出现在他的视域，同时，迄今只是以犹太教—基督教特征对他的艺术产生影响的东方世界，也开始对他具有越来越重要的意义"[2]。这个判断非常重要，也就是说，卫礼贤对歌德的精神世界逐渐形成一个整体性的把握，他敏锐地进入到歌德生命史的若干关键性节点，譬如拿破仑战争，"对东方世界的这种关注恰好发生在拿破仑专政时期，那时大多数德国人正体验着巨大的政治兴奋。在歌德1813年的日记中，有证据表明他在莱比锡战役前的数周期间正在认真研究中国

---

[1] 卫礼贤：《歌德与中国文化》，载蒋锐编译：《东方之光——卫礼贤论中国文化》，第248页。
[2] 同上书，第250页。

的情况。我们发现,歌德这时正进入了这样一个思想阶段,即完全有意识地逃避当时过于强大的影响及其所带来的担心和希望,不是沉湎于那些对事情发展不可能产生任何影响、甚至全力回避某种影响的思想,而是转向了自我封闭的状态。这种只专注于创作的思想态度,使歌德从那时起学到了越来越多的东西;顺便一提,这种思想态度也完全符合中国哲人的特点"[1]。他进一步解释这种思想质变是如何发生的原因:

> 现在可以清楚地看出,歌德为什么从内心疏远了曾受他高度尊敬的希腊文化而与东方相结合,为什么成为他事业领域的不是他长期争取的造型艺术而是诗歌:希腊世界按其原则来说是一个空间上自我封闭的世界,是一个最终形成了的世界;而歌德的世界是一个在时间发展上不断变化的世界,在这一发展中长期起作用的不是个别现象,而仅仅是生动的力量,即法则。歌德在此直接触及到了中国文化最特有的原则。无尽的、遥远的、飘忽不定的现象,也就是被永恒法则所包围的现象,恰恰是中国人的世界,或许正如《庄子》第一篇所显示的那样。相反,伊斯兰世界是封闭的和严格受抽象狭隘性制约的。伊斯兰东方世界首先在歌德那里获得如此生气的原因或许主要在于,当时的翻译作品使他恰好了解了那个世界,而中国世界特有的广度和深度当时在欧洲还完全不为所知。当时从中

---

[1] 卫礼贤:《歌德与中国文化》,载蒋锐编译:《东方之光——卫礼贤论中国文化》,第250页。

国文学中所浮现出来的大部分东西恰恰是文学价值不高的东西,这是很值得注意的。[1]

从这段叙述来看,卫礼贤显然能够更为深刻地进入到歌德的精神世界的内里深处,而非简单地征引名句、增华篇章,他对东方世界的阐释,尤其是对中国文化的高度揄扬,或许还可商榷,但其对歌德思想的认知度却显然是可以进入到最高深者的行列的。甚至这也不仅表现在单一的歌德身上,卫礼贤的高明之处还在于他的视域宽广,有整体性结构意识,譬如对老子和歌德的比较就表现了这点,他将问题提升到方法论层次:"要对两个处于不同时代、不同文化空间的代表人物进行比较,至少在其个人方面必须满足下列两个条件之一:要么他们与周围文化现象的背景处于一种特有的联系中,且他们的地位在某种程度上具有可比性,然后,通过对这两个人物的比较同时也使该文化在其本质联系上清晰起来;要么他们必须超越时空局限,代表着人类某种相似的潮流。在此,如果两个出自完全不同文化背景、成长完全不同的人物在人格上也一致,并能跨越时空界限在思想上发生联系,那么这种比较可能会更具独特魅力。进行这一次尝试也许有益于坚定我们的人性,这种人性归根结底潜藏于我们所有人当中。当我们把歌德与老子进行比较时,我们将会因上述两个方面有所触动。"[2] 这

---

1 卫礼贤:《歌德与中国文化》,载蒋锐编译:《东方之光——卫礼贤论中国文化》,第250页。
2 卫礼贤:《歌德与老子》,载卫礼贤:《中国人的生活智慧》,蒋锐译,山东大学出版社,2010年,第205页。

种认知就超越了辜鸿铭的境界了，辜鸿铭曾"教训"卫礼贤，要区分孔子—老子的主流—边缘地位，这固然也不失为一种认知，但卫礼贤显然能"青出于蓝而胜于蓝"，不但架构出孔子—老子的二元结构，而且能汇通东西，在孔子—老子—歌德之间构建桥梁，其普遍性的思想史意义是怎么高估也不过分的。

辜鸿铭也有过高论："东方文明和西方文明相互补充，应该为世上最大的利益而互相渗透。"[1] 不知其源出何方。但真的能以通融的眼光和实践而踏实为之者，或许卫礼贤更高一筹，因为当我们面对卫礼贤德译汉典的皇皇事业和丰厚资源时，辜鸿铭以其世所公认的天赋才智只不过留下了未全的四书英译，全部著作不过区区数卷书，这是当引为遗憾的。因为对一个知识人来说，卫礼贤在《中国文学》一书中曾经如此反思辜鸿铭："辜鸿铭，一个富有才智之人，他利用自己的欧洲文学知识在中国有可能也在欧洲去诋毁欧洲文化，而今身处绝望之境地。要重建新的中国文化，不仅要学习欧洲先进的技术，而且要吸收个性自由、坚定地探求真理以及尊重包括最卑微之人在内的人权等这些伟大的思想。这些同样是西方文化的组成部分，归根结底，正是这些东西一直使这种文化不致走向毁灭。上面提到的具有批判性的中国哲学思潮指出一种关联，通过这种联系那些东西方思想的不同流派能够被融合到一起。"[2] 其实，

---

[1] 弗兰西斯·波里：《中国圣人辜鸿铭》，桂裕芳等译，载黄兴涛：《闲话辜鸿铭》，第280页。

[2] Richard Wilhelm, *Die Chinesische Literatur*（《中国文学》），Potsdam：Wildpark，1930，S.192. 中译文引自卜松山：《卫礼贤的〈中国文学史〉》，屈艾东译，载《国际汉学》第14辑，大象出版社，2006年，第274—275页。

这正反映出卫礼贤作为一代大家的"深思初萌",因为无论是中欧文化关系,还是中西交流事业,甚或东西文明互动,其实都有一些根本性的问题始终难以得到实质性突破,从莱布尼茨到歌德到卫礼贤,正反映出德国贤哲的持续思考,而从徐光启到康熙帝到辜鸿铭,也都背负着沉重的精神枷锁,因为中国正不断地"貌似衰颓"。龚自珍谓:"欲明大道,必先为史。"[1] 这是很见出高明眼光和思想的判断,因为历史是一切事物的通道,理清了这个通道,就没有看不明白的道理。

所谓"贤哲别东西,思澄终归一",说的不外乎还是普遍性的道理。无论是东方,还是西方,作为人类的共同之路,必然是"条条大路通罗马"。所以李之藻说:"东海西海,心同理同。所不同者,特语言文字之际。"[2] 就一个民族的经典构建而言,孔子—歌德虽然相距时空遥远,但却心同理同,所以当世西方智者有所谓"同理心文明"概念的提出:"关于人性,生物科学与认知科学领域正在涌现一种全新的解读,并在学术界、商界与政府引发了争议。脑科学与儿童发展领域的新发现迫使我们重新思考一个由来已久的观念,即人类本性是好斗、物质、功利和自私的。最近,我们认识到人类是一个具有同理心的物种,这种认识将对社会产生深远的影响。"[3] 里夫金还敏锐地将同理心与孔子的恕、仁概念相

---

[1] 《尊史》,载龚自珍:《龚自珍全集》,上海人民出版社,1975年,第81页。

[2] 李之藻:《重刻天主实义序》,载利玛窦:《利玛窦中文著译集》,朱维铮编,复旦大学出版社,2001年,第99—101页。

[3] 《引言》,载杰里米·里夫金(Jeremy Rifkin):《同理心文明:在危机四伏的世界中建立全球意识》(*The Empathic Civilization*:*The Race to Global Consciousness in a World in Crisis*),蒋宗强译,中信出版社,2015年,第XIX页。

联系，认为其思想正体现了"同理心意识的精髓"，他接着阐释说："孔子的思想在现代社会还被诠释为，同理心意识的培养与公序良俗的形成需要家庭、学校和政府的共同努力。他深刻的见解揭示了同理心在人性中的核心地位。与人类历史的以往时刻相比，孔子的思想在今天显得更有紧迫性和重要性，对于人类在地球上的生存与繁衍或将起到非常关键的作用，因为要解决人类文明目前面临的挑战，需要我们人类具有同理心意识。"[1]或者我们更可以说，在文明史上，尤其是在文化交流史当中，像辜鸿铭、卫礼贤这批人的足迹，就是在孜孜不倦地探索这种同理心轨迹的演进过程，并努力以自己的侨易经验促成其侨易大成；不过这个过程太艰巨，至今仍是"革命尚未成功，同志仍需努力"，后来者应知其不可而为之，或可造就人类与宇宙之光明未来！

---

[1]《中文版序》，载杰里米·里夫金：《同理心文明：在危机四伏的世界中建立全球意识》，蒋宗强译，第 XI 页。

辜学武评论

各位老师，各位同仁，各位同学，上午好！安排我今天做这个点评，其实有点忐忑不安。为什么？我今天跟大家坐在一起，感到有一点担心。因为我是个政治学者。国际关系是我的重点。在座的各位都是功力非常深厚的人文学者。我搞政治学的就比较肤浅。我们的主题是国际关系，全球化，朝鲜为什么发生武器核试验，中美关系的走向如何，南沙冲突对未来国际的影响，这是我们研究的重点。所以今天在这里一看，感觉各位的人文功底是如此之深，尤其是叶教授刚才发表的这么精彩的演讲，作为更多地关注现实政治的国际关系学者来讲，是不应该妄加评论的。

刚才余博士把叶教授的洋洋20多页的文章给我看了一下。虽然没有完全读懂，但是我把文章的整个注脚一看，傻眼了，被它的精细程度所震撼。真的是做得好。一位史学家、一位人文学者的态度，一位哲学家的梳理的精密的程度，让我感到非常佩服。要评论的话，心里确实感觉到有点忐忑。

我感到比较遗憾的是，昨天来得比较晚，所以一来有点委屈。孙教授说你怎么这么晚才来，下午才来，会都开完了。我还确实是费了很大的精力才赶过来的。因为前天我还在苏黎世。在苏黎世谈的题目跟这里完全不一样,是英国脱欧对整个欧洲金融界的冲击,我当时还真舍不得放弃那天晚上演讲后的美味佳肴。因为当时听我演讲的都是苏黎世金融界、房地产的老板,大概40多人,在苏黎世湖畔非常漂亮的18世纪的山庄酒店(Baur au Lac Zürich)举行。那天晚上我放弃了晚餐之后,赶上飞机,想到青岛还在召唤,周兴还在那儿等待,所以一定要过来。结果飞机还是晚点了。北京航空管制。北京转机到青岛,等了三四个小时,结果把上午的会给错过了,所以非常遗憾。

今天听了叶教授的精彩的演讲之后,有些想法还是可以跟大家一起交流一下的,但称不上点评,因为不敢班门弄斧。刚才余博士说,请我做点评,其中一个主要的原因是因为我姓辜。会议日程上我名字也没有出现,确实有点委屈。但是这是一种巧合。其实我不敢妄议我的前辈。我刚才看了一下,辜鸿铭是1857年出生。我本人是1957年,整整100年。所以太幸运了,整整跨越三代人。所以今天有这个机会,受到叶教授的启发,来评论一下宗亲前辈的一些观点,非常的荣幸。机会真是难得。

刚才孙老师问我"你们是不是一家"。其实,辜这个姓非常少。但是我们的辜家在全世界团结得非常紧密。你们上网看有一个"辜氏家园"。辜家是怎么来的呢?"辜"这个字听起来有时候特别地让人感到不舒服,语义有一种罪恶的感觉。你有一种辜负、背叛的感觉。实际上这是一种误解。辜家这个名字实际上是皇上给的,可以追溯到唐代贞观年间,唐太宗的时候。据说我们家最早的祖先叫辜正公。其实辜家原来姓林,所以辜林是一家。在"辜氏家园"追根溯源的文字里面对这一点有一个比较令人信服的说法。最早的姓怎么从林换成了辜呢？辜正公的字叫远中，当年大概是在唐贞观时期公元634年的时候，这位1500年前的前辈中了进士，官衔是江南巡抚，当时管理的大概是浙江、湖南、江西这一带。这位老前辈可能特别地尽心尽力。当时的巡抚权力非常大，比现在中纪委巡视组组长的权力还大，他走到哪里看见那个官员太腐败就可以就地免职。贪官污吏他可以先罢免，然后再报告皇上。巡视工作据说做得非常不错，所以回到京城以后，皇上对他非常满意。皇上为了表达对他的欣赏之意和表彰之情，给他赐了一个姓，说你们家族如此之辛苦，以后就改姓辜吧。"辛"加上去掉"苦"字上面草字头的"古"，古辛，就形成一个新的姓。这是传说的辜姓的来由之一。我不是搞史学的，也没办法考证，但这个说法的可信度还是很高的，至少在我们辜氏的传人中有很大的说服力。

但是辜姓从此就在世界上存在，这是不争的事实。后来各地打造的家谱中也可以看出来，辜家的发展走向了全世界。后来发展比较好的、比较厉害的就是台湾的辜家，就是鹿港辜家，属于台湾的五大家族之一。我们这个辜家的分支是湖北的辜家，湖北的辜家好像没有鹿港辜家这么显赫的地位，也没有什么让人震撼不已的发展。台湾的辜家应当是从福建过去的。这个鹿港辜家，其中有一个重要人物是辜显荣，是个大名家，他有5个儿子，其中两个儿子大家都知道，一个是辜振甫，前台湾海基会董事长；还有一个是辜宽敏，有名的"台独"大佬，兄弟两人为同一父亲所生，但在中华民族的认同上却持截然相反的观点，非常有意思。我是从湖北辜家出来的，没成什么大气候，主要是搞学术研究去了。

但是今天非常荣幸，有这个机会，身为辜家的后代，来点评一下辜鸿铭对中西文化交流的一些影响。虽然对叶教授精辟的史料分析佩服得五体投地，但在观点上我还是有些疑问。因此想把话锋稍微转一转，就是说想问问，我们对辜鸿铭的定位是不是准确，他是一个中国文化精英的代表呢，还是一个西方文化精英的代表？我们现在以他和卫礼贤为参照系、为样板来谈所谓的中西文化交流值得商榷。因为我觉得，辜鸿铭和卫礼贤的交流实际上是西西交流，不是东西交流。我们在定位上是否犯了一个认识上的错误？是否可以提出这样一个假设或命题：辜鸿铭俨然以中国文化知识精英的代表出现，好像忽悠了整个近代以来的中国文化界。

我们来看看他的经历。他就是一个长着中国人面孔的西方人。他跟卫礼贤没有什么大的区别。他们都是从西方到中国来，受到中国传统文化的影响，爱上了中国的东西。所以他们互相对话，非常舒服。欧洲人为什么喜欢他？刚才叶教授举了很多的例子，包括很多在中国的西方人对他如此之推崇。为什么？就是因为他们具有相同的西方式的话语，而辜鸿铭又长着黄皮肤的面孔。但实际上他的人格特质、思维方式、文化的修养、语言的培育和卫礼贤没有什么两样。刚才叶教授讲到了，他来中国之前中文都不会。他在南洋长大，母亲好像是葡萄牙人，父亲是咱们辜家的，是一个混血。他爸爸好像是英国庄园主的管家。这个庄园主非常喜爱聪明的、混血的小孩辜鸿铭，然后就把他送到了英国去念书。英国念完之后又去德国继续念书。他实际上就是西方教育出来的一个产品。从文化上讲，他实际上就是一个西方人。以这样一个西方人来作为中西对话的例子，我觉得值得商榷。实际上这是西西对话而不是中西对话。这是一个定位的问题。

其实辜鸿铭可能比卫礼贤更"西"一点。他很成功地把自己塑造成一个中国文化精英的代表。原因可能有三。第一，他可能比卫礼贤要更聪明，讲起西方的东西来往往持强烈的批评态度。第二，可能他的语言天赋特别好。他能说几十种语言。而且，竟然在二十六七岁的年纪，在欧洲拿到几个学位以后，一句中文不会，回到中国，能在三五年之内，把所有的儒家经典读得滚瓜烂熟，写出来的中文并不亚于一些受中国传统文学熏陶出来的学者。第三，他长着一个中国人的脸，有一个中国爸爸，所以大家把他误会为一个中国的知识精英。但实际上，他是西方的知识精英。他像卫礼贤一样，来到中国以后被中国的文化所震撼，从钦佩到欣赏，然后开始系统地学习和诠释，产生很多东西。而他讲的中国故事西方人能听得懂，因为他那讲故事的语言本身就是他的母语，用的也是西方人的思维方式，这一点，叶教授已经有很精辟的分析，我就不再赘述。

我对叶教授细致的史学梳理和文献收集，非常钦佩。但在对辜鸿铭的定位问题上我不敢苟同叶教授的观点，而且有很大疑虑。我觉得辜鸿铭用现在的话来讲，实际上就是忽悠了大家。他忽悠了当时所有的文化人。为了表现出自己是中国精英，在清朝灭亡之后还要穿着马褂，还要梳个辫子。我觉得他好像是在表演。他好像要让所有接触他的西方人和东方人得出这个印象，他是一个中国的知识精英。实际上他根本不是文化意义上的中国人。他比较尊儒，反对道家。我琢磨着，他不是在哲学上排斥道家，而是很有可能他精力不够，没有时间去把道家的东西研究透，所以他才有重点地强调儒家。从这个角度讲，他的学问还比不上卫礼贤。

因此我主要的观点就是我们有必要重新考虑一下辜鸿铭的定位问题。我本身觉得这个卫礼贤和辜鸿铭之间的对话就像是两个欧洲人在对话，只不过一个欧洲人长着德国人的面孔，另一个欧洲人长着中国人的面孔。用的语言和方法都差不多，参照系也是一样。从这个意义上讲，辜鸿铭不应该定位为中国的知识精英。我个人跟比我年长100年的这个前辈不一样。我到德国时已经是26岁了。24岁之前根本就不会德语。在我的身体中，中国传统文化的基因已经形成了。中国的大学也读了，小学中学大学幼儿园都是在中国读的。"文化革命"，上山下乡，知识青年，这才是中国的东西。然后我再出去实际上就是一个中国的小知识分子，德国的东西学得再多，也无法改变我的中国文化特性。我现在可以以德国教授的身份进行某一些对话，但很难说是德国的知识精英，至多只是一个比较了解德国的中国知识分子。同理，辜鸿铭老前辈虽然姓辜，长着一张我们熟悉的中国人的脸，但他的文化气质和底蕴还是西方文化熏陶出来的，他的文化基因是西方的文化基因，就像卫礼贤一样，虽然他们对儒家文化顶礼膜拜。

好，我就谈这些观点供大家一起讨论。谢谢大家！

卫礼贤的柏拉图批判
——"致中和"作为世界治理策略

卫礼贤的柏拉图批判

——"致中和"作为世界治理策略

范 劲

一 汉学家：世界治理者

全球化过程的主角，历来是传教士、商人、冒险家等跨界者，他们帮助创造和规划了全球秩序。因为他们的存在，人类才具有了世界意识，继而返观自身，在世界关系中为个体和个别文化形态进行定位。要理解西方汉学家在现代中的位置，同样需要从世界角度切入。汉学家在西方知识系统中处于边缘地位，作为中介者，他们仅是系统的触角，但是放在全球系统中，他们就是真正的主人公，因为全球系统意味着全球交流，中介决定一切。他们是世界治理的引导人物，而治理（governance）意味着建立关系、协调关系，"治理是协调交流的行动，以便经由合作达成集体目的"[1]。进一步说，世界治理即建立世界关系、

---

[1] 参见 Hellmut Willke, *Smart Governance. Governing the Global Knowledge Society*, Frankfurt a. M.: Campus Verlag, 2007, p. 10。

协调世界关系（此处的"世界"乃是卢曼意义上的世界交流系统）。汉学家所处理的中西关系，显然是世界系统中极重要的一维。

从世界治理角度，就能解释卫礼贤在西方世界绵延至今的巨大影响，也才能超越情感或意识形态，更好地理解他的翻译和学术活动的性质。依严格的专业眼光看来，卫礼贤既非汉学家，也非哲学家，也非新教神学家，但他是世界治理的先行者，将中西关系变成通向世界关系的媒介，将中国"以象征的方式普遍化"（symbolisch generalisieren）——按卢曼的说法——为世界的模型，并尝试以致中和的方式建构世界秩序，故而超越了汉学、哲学、神学的个别范畴。卫礼贤对于世界框架建设的贡献，使他成为全球化时代所需要的文化英雄。说到底，他就是另一个法农（Frantz Fanon，1925—1961）。美国学界在20世纪末制造了法农神话，以伸张一种多元文化理想。但多元文化本身是很初级的全球规划，卫礼贤比后殖民理论家的气魄更大，依托易经设计了一套全面处理世界关系的框架和程序——它包含了多元文化这一局部动机。然而法农在西方已成为代表后殖民诉求的全球化符号，卫礼贤在中国却仅被视为民国时代的一位西方汉学家，对于卫礼贤和法农这两个象征资源的不同运用，证明我们在世界意识上落后于美国同行。这并非意识形态之争，而关乎科学地认识时代趋势的问题。

卫礼贤的全部学术活动都是致中和的世界治理的一部分。这一治理的实质是重新疏通为习俗、偏见、意识形态所扭曲的符号秩序、语言秩序，以便使人类的意识脱离偏颇，重新面对世界整体，和世界的运行规律相一致。为实现这一秩序，首先要将符号中性化，使符号脱离旧的权力场域而恢复其自由连接的功能。卫礼贤在译解中国经典时，不惜大量使用西方文化符码如康德、歌德、席勒、尼采、施莱尔马赫等来和中国文本互参，这并非简单的修辞或翻译技巧，而是一种沟通策略。其中介性文本成了斯皮瓦克所谓的"远距制作"（teleopoiesis）的空间，在此空间中，来源、诉求迥异的语码在丧失了一切保障的情况下自由组合，相互调谐，创造出意想不到的新的语义，将固有观念改变于无形中。

中国哲学绝非自古而然的给定之物，而是全球系统演化到一定阶段的产物，是西方知识系统内部继印度哲学之后被建构的又一东方思想形态，在当时西方人心目中，它还只是一种以人生智慧见长的半哲学，属于另外一个世界。按照卫礼贤的朋友、后来阿姆斯特丹大学的汉学家哈克曼（Heinrich Hackmann）的描述，中国哲学无系统性，无完备的概念系统和方法论。缺陷的根源在于中国语言的特性，中国语言直接给出画面而非意义，一个语词或画面（如"道"）一俟出现，便逸散为无数意义，这种不精确的图像语言导致语法和逻辑的不可能。这类偏见，并不会随着今日汉学知识的进步自动消散，因为它们属于结构性偏见[1]，是既定的世界秩序的一部分，要克服偏见，首先要改变人们心目中的世界关系本身。显然，要让世界接受中国哲学，须创造出一套可与西方哲学体系相对接的概念语言，要做到这一点，以西方思想为基础进行的类比、联想是必经的一步，只有内心中可感觉的类似之物才能将印象化为经历。正是在这方面，卫礼贤展示了高度艺术性的技巧，对歌德和康德的

---

1 20世纪90年代，波鸿的汉学家罗哲海（Heiner Roetz）和所谓"波恩学派"争论的焦点，仍然是中国经典究竟是体现普遍理性的文本还是纯粹修辞表演的问题。

频繁引用成了他的醒目姿态,他的"任意"使用歌德之名在当时甚至引起了公愤。[1] 相比之下,他直接提到柏拉图的地方并不多,但柏拉图潜在的影响无处不在。柏拉图为西方形而上学传统的鼻祖,卫氏却利用其来导入和反衬一种新的中国概念,因为在他心目中已经升起了一种超越西方传统意识的文化理想。

二 "象":中国理念

在卫礼贤这里,和柏拉图相联系的首先是中国的"象"。他早年的《道德经》译本导言已简略提及"象"和柏拉图的关系。"道"(Sinn)包含了无状无物、惟恍惟惚的"象",故能作用于万物,生成万物,而这一"象"被卫礼贤理解为柏拉图式的理念。理念(idea)在希腊文中和观看相连,它是"外观",但并非普通的"外观",而是超越了感性之物、绝对真实的"外观",这样就有了和中国的"象"对接的可能。"象"者像也,"象生而后有物",正类似于现实事物对于绝对真实的理念的模仿,但严格说来,是现代的中西方对话,将"象"提升到了哲学概念层次。卫礼贤认为,为了描述理念投入现实世界的过程,老子同时使用了"德"和"精"两个概念,"德"是按照"道"塑造自身的、随时更新的"生活"(Leben)("孔德之容,唯道是从"),而"精"为介于理念世界和

---

[1] 当卫礼贤给他 1922 年出版的中国古诗选取名《中德晨昏四季咏》时,评论者批评说,如果比附无可避免,那么至少对老大师歌德用过的名字应该慎重而行。A. Bernhardi, „Rez.: Wilhelm 1922", *Ostasiatische Zeitschrift*, N.F. 2 (1925), S.102.

物质世界的中间层,现实乃孕育于其中。[1]

1921 至 1924 年的第二次来华期间,卫礼贤结识了当时中国新文化运动的领袖胡适,熟悉了后者关于中国古代哲学和逻辑学的思想。胡适在论述中国哲学中认识论的起源时,区别了中国智者心目中的三个认识阶段:法象、物和知识。胡适断定,孔、老或易经都以"象"为中心概念。在老子那里,先有一种"无物之象",从这种法象渐生出万物,故先说"其中有象",后说"其中有物"。孔子的主张与此相当,《系辞传》"在天成象,在地成形,变化见类"之说,和老子先说"有象",后说"有物"同出一辙。[2] 胡适塑造的基于"象"说的统一的中国古代宇宙观,对卫礼贤后期思想产生了关键影响,他把这种"象"说径直译成柏拉图的"理念说"(Ideelehre)。

在他 1925 年出版的《老子和道家》中,卫礼贤确认说,老子的"理念说"承继了易经的"萌芽"(Keim)观。[3] 易经的基本思想为天显示"象",圣人效此原始图像而设立文物设施,即"仿像"(Abbild)。卦象模拟各种可能的世界形势,由它的变化规律可以推知宇宙和人事的变化。老子以此为出发点,发明了一套关于"名"的学说或认识论。名的创立是为了显示那"内在于道而存在的'象'"。道从根本上不可说,"象"亦不可名。可名的名并非至高的永恒的名,但这类名如果被

---

1 Richard Wilhelm, *Tao-te-king*: *das Buch vom Sinn und Leben*, Düsseldorf, Köln: Diederichs, 1978, S.36.

2 胡适:《中国古代哲学史》,安徽教育出版社,1999 年,第 80—81 页。

3 Richard Wilhelm, *Lao-Tse und Taoismus*, Stuttgart: Frommann, 1925, S. 41.

正确地选择，庶几能接近存在本身，创造秩序，让人事相续。[1] 同年出版的《孔子的生平和事业》中，卫礼贤认为，孔子达到大同的具体方法有三，一是易经，二是正名，三是礼。孔子汲取了易经的"萌芽""象"和"辞"三种思想，"正名"和"礼"实际上都基于易经的方法之上。孔子的"象"（Bilder）的思想"和柏拉图的理念有某些亲缘关系"，"象"是现实的根据，现实界中所有的生灭变化都由此而生："这些象（Bilder）本身是超越于现象界，无时间地永恒存在的意义关联。它是世界法则的原始类型。这些原型从其超时间性踏出到现象世界中来，仅仅由此，才出现了生成和变换。踏入现象界的门户，也就是（阴阳）对极的门。"[2] 由象衍生出名，圣人观察天上的理念（象）而取名。[3] 在《孔子和儒家》（1928年）中，卫礼贤说，名不是抽象概念，而是"以理念的形式归属于现实"（etwas der Wirklichkeit ideal Zugeordnetes）。一件事物如果被正确地命名，在名中就包含了事物的本性。[4]

不过，卫礼贤关心的是世界秩序，正是在世界秩序问题上，他清醒地意识到中国智者和柏拉图的差异，这种差异体现于对现实和理念的二元结构的具体处理上。首先，中国理念的实践导向，使孔子的"政治学"区别于柏拉图的理念说。卫礼贤说，孔子以正名的方法匡正世界，如果拿理念的、正确的名和现实相对比，就能够对现实做出价值判断：

---

1 Richard Wilhelm, *Lao-Tse und Taoismus*, S.44.
2 Richard Wilhelm, *Kungtse: Leben und Werk*, Stuttgart: Frommann, 1925, S.119. 注意，在卫礼贤这里，"象""图像""原初图像"和"理念"是可以互换的概念。
3 Richard Wilhelm, *Kungtse: Leben und Werk*, S.134.
4 Richard Wilhelm, *Kungtse und der Konfuzianismus*, Berlin u. Leipzig: de Gruyter, 1928, S.87.

……在此我们遇到了一种让人联想到柏拉图的理念说的哲学观。只是其全部观念都被运用于实践。理念在柏拉图那里是尘世的、现实的事物的永恒的原初图像，这些事物各分有理念的一部分，自身的价值也根据其对理念的分享得到衡量。孔子所关心的是认识真实的名，然而，通过它们不仅要衡量现实，还要能修正现实。[1]

其次，中国思想高度重视圣贤的作用。圣贤构成了现实和理念世界的中介，他之所以能触及理念的至深层次，全凭一种"直觉知识"（intuitive Erkenntnis），即"仰则观象于天"。此"直觉知识"代表了比单纯智性更深的"原初观看"（primäre Schau），使中国圣人如伏羲、孔、老远离了柏拉图的辩证法，而辩证法在卫礼贤看来不过是"某种抽象"[2]。其三，中国的理念说强调流动不居。老子的理念是由对内在深处的本原性直观所得的图像，由图像生成现实，现实又不断地返回本原，是一无碍无滞的流动过程，一旦留驻于存在物，就会被当作"刍狗"抛弃。"易"最后一义为代表至高秩序的"不易"（das Nichtwandeln），然而这一秩序不在世界之外，而是内在于现象世界。"不易"的并非超越的、只能以概念达到的理念，而只是最基本的参照和关联系统。这类最基本的宇宙性关系包括：1. 天与地（"天尊地卑"）；2. 动静、刚柔；3. 和谐与不和谐；4. 成象与成形（"在天成象，在地成形"），等等。由此原

---

[1] Richard Wilhelm, *Kungtse und der Konfuzianismus*, S.88–89.

[2] Richard Wilhelm, *Lao-Tse und Taoismus*, S.40.

初背景,一切变化才得以成立,因为它们得到了一个可比较的"关联点"(Beziehungspunkt),从而避免了堕入混乱无序。[1] "不易"是"易"的一种,不变的正是由对立(阴阳)和落差(天尊地卑)所导致的生命运动本身。最后,卫礼贤越来越清楚地意识到,理念和现实的二分并不成立。卫礼贤喜欢用种子来形容"象",种子和柏拉图的理念却有着微妙差别。种子不是超然于现象的理念,而是具有自我分化功能的自足世界,它既是框架,又是内容。种子不是静止的开端,而是包括了开端和终点的全过程,它在不同阶段可以表现为根茎、树干、繁花和果实,最后又复归于种子:

> 物的这些象(Bilder)就是现实的种子。如树包含于种子般,无从把握,不见形迹,却又是确凿无疑的生命动因,在这些种子般的象中含有现实之物。它们有时会生出来,以一种完全确定的形式发展自身,因为这些种子是完全真实的,事件的确实性就建立于其中,绝不会出现由一种物类的种子生出另一物类的事情。[2]

种子作为中国式理念的隐喻和"无外"的世界的图式,使卫礼贤脱离了一般所说的柏拉图二元论,而和强调过程的连续性和内在性的于连趋于一致。这位当代汉学家兼后现代哲学家批评卫礼贤说,乾和坤之间

---

1 Richard Wilhelm, *I-Ging: Das Buch der Wandlungen, erstes und zweites Buch*, Jena: Diederichs, 1924, S.212–214.

2 Richard Wilhelm, *Lao-Tse und Taoismus*, S.40–41.

"并非范本和复制品的关系",而是"从一个阶段到另一个阶段的统一内在逻辑的展开,正是这样的不及物的关系,才允许运行过程(或者所从事的活动)的实现"。[1] 然而他忽略了,卫礼贤所理解的模仿并非针对某一外在对象,而是对自身的模仿,即模仿自身中内在的理念——乾作为时间乃是贯穿一切的优先性原则,故也内在于坤(空间)之中。

三 歌德与理念说

和柏拉图对抗的东方符码是孔子和老子,西方符码则是歌德。歌德之所以被看成孔老的秘密同盟,在于他的三个重要思想:1."死和变"的主张;2.本质和现象的不分;3."上帝—自然"(Gott-Natur)的构想。[2] 泛神论者歌德合上帝和自然两个词为一,旨在暗示神人交融的人类新阶段。故卫礼贤断言:"我们在东亚遇到了一种生活观,这种生活观在欧洲是由歌德第一次完全是有意识地践行,歌德以之同他那时代的自然科学做伟大的对抗。"[3] 那时受生命哲学影响的哲学家,如齐美尔(G. Simmel)、克拉格斯(L. Klages)等,往往视歌德为尼采的前驱、现代人生命本体的开创者。卫礼贤将歌德和中国古代思想相连接,同样体现了构建新的生活观的努力。他认为,"神秘观照"(mystische Schau)就

---

1 François Jullien, *Figures de l'immanence : Pour une lecture philosophique du Yi king, le Classique du changement*, Grasset, 1993, pp.224-225.
2 Richard Wilhelm, *Kungtse : Leben und Werk*, S.173.
3 Richard Wilhelm, „Die Bedeutung des morgenländischen Geistes für die abendländische Erneuerung", *Der Mensch und das Sein*, Jena: Diederichs, 1931, S.122.

是歌德的浮士德和老子一致之处，老子由此观照所经历者，也正是浮士德在群母之国所见。老子体悟到世界之大道超越了意识，不可见，不可把握，却并非无物：

> 有物混成，先天地生。寂兮寥兮，独立不改，周行而不殆，可以为天下母。吾不知其名，字之曰道，强为之名曰大。大曰逝，逝曰远，远曰反。

> 道之为物，惟恍惟惚，惚兮恍兮，其中有象；恍兮惚兮，其中有物。窈兮冥兮，其中有精；其精甚真，其中有信。自古及今，其名不去，以阅众甫。吾何以知众甫之状哉？以此。

> 是谓无状之状，无物之象，是谓恍惚。迎之不见其首，随之不见其后。

卫礼贤相信，这正是涉险归来的浮士德报告的他在群母之国的经历：

> 哦母亲们，……你们的宝座位于无边无际之中，永远孤居独处，却又和蔼亲切。在你们头顶周围，漂浮着生命的种种图像，并没有生命，却活泼敏捷。凡在所有光彩与假象中存在过的，仍然在那儿活动着；因为它们希望千古不灭。于是，万能的母亲啊，你们便将它们分摊给白昼的天篷，给黑夜的穹窿。它们

> 有一些走上了吉利的生命之途,另一些则只有大胆的魔术师才能探访……[1]

无论歌德的产生生命万物的"图像"或老子的无状之"象",都和柏拉图的理念有类似之处,但其中的差别更不容忽视。卫礼贤引用的这一场景,本来就是歌德接受史上争论的焦点。在1830年1月和艾克曼的谈话中,歌德提到,"群母"来源于普鲁塔克的著作,她们生活在时空之外,却是一切有形体和生命的东西的起源。[2] 歌德还在普鲁塔克《论神谕的没落》文中读到,宇宙被划成许多三角形状的世界,其中一个三角形构成的世界为所有其他三角形状的世界所共有,这就是"真理之野",过去已存在或将要生成的一切事物的原型都保存于此。普鲁塔克为柏拉图的信徒,"真理之野"即柏拉图的可知而非可见的理念世界。20世纪初很多学者如比学斯基(Bielschowsky)、施密特(E. Schmidt)、李凯尔特(H. Rickert)据此认为歌德的"群母"之国即柏拉图的理念世界。现代的《浮士德》研究者则倾向于认为,歌德一贯从"塑形"(Gestaltung)和"变形"(Umgestaltung)的角度来看待自然,所崇奉的绝非柏拉图的静止的理念世界。[3] 如卡西尔说:"这里,我们不再处于感性物(Sinnlichen)的圈子,但仍然不超出可直观者(Anschaulichen)的

---

[1] 歌德:《浮士德》,董问樵译,人民文学出版社,1994年,第264页,译文略有改动。

[2] Johann Peter Eckmann, *Gepräche mit Goethe in den letzten Jahren seines Lebens*, Regine Otto, ed., München, Beck, 1984, S.331.

[3] 参见余匡复:《〈浮士德〉——歌德的精神自传》,上海外语教育出版社,1999年,第176—178页。

范围,歌德所理解的真正理念之物(das wahrhaft Ideelle)就在此处。"[1]卡西尔认为,柏拉图的理念由概念得到理解,而对歌德来说,生活的原初现象才是首要的,通过生活才能把握理念。在这一新的视角下,"群母"之国乃是以"造形"和"变形"为核心的自然创造力的象征,女神们永不停息的作为,就是诞生与发育、破坏与重构:

> 宝鼎的光华照着你看见那些母亲:他们或坐、或立、或行,恰如其分。这是在造形和变形,在永恒意义上维持永恒,周围飘浮着一切造物的图像。[2]

理念和造形的区别就在于:一是静止的形,一是造成形的世界运动,说到底是传统形而上学和现代生命哲学的区别。卫礼贤不是专门的日耳曼学者,但借助从中国习来的对于变易的敏感,他成了这一现代歌德观的先行者,卫礼贤《歌德与老子》最后一段如下:

> 柏拉图的理念是完全静止的构形,理念既不能动也不能改变,现实事物或多或少分有它们,从而决定自身的真实程度。相反老子的图像——歌德的图像与此类似——则是能动的力量。它们是现实的萌芽。并不存在两个世界,其中一个在此岸,另一个在彼

---

1 Ernst Cassirer, *Goethe und die geschichtliche Welt*, Hamburg: Meiner, S.130.
2 歌德:《浮士德》,董问樵译,第260页。

岸。……这些图像出现，就是生，它们再退回去，就是死。[1]

老子和歌德之不同于柏拉图，在于不承认本质和现象、此岸和彼岸的二分。卫礼贤偏爱歌德的诗句"自然既没有内核也没有表皮，它一下就成了全体"，以为它表达了融上帝和自然为一体的一元论。讲到易经的"小畜"卦时，卫礼贤又援引"群母之国"的典故，以生机论的方式来解释世界生成。"小畜"为乾下巽上，意为"君子以懿文德"，卫礼贤从一个更抽象的角度，看到了母性的生命原则对逻各斯力量（阳）的超越。何以柔顺者（巽）能驯服创造因素（阳）呢？卫礼贤说，这就是群母形象昭示的秘密。永恒的女性代表自然，由自身中造成万物的图像，她就是巽。而帮助这位织女的男性工匠，是这些图像中最早显露于曦光中的东西，他就是乾。代表理念的"象"成了连接两者的关键：

> 理念就是精神和现实开始接触之点。理念还不是可把握的现实。但理念也有别于纯精神性的智性概念。理念也不仅是一种想象，而是创造力量的塑形过程。所以，这种塑造自身的图像，这种漂浮于虚无中无可把握、无可触摸的图像所在之处，没有时间的统治，只有极深的孤独，而由此孤独生出了世界中心，也正是在那里，我们体验了被称为"小畜"的过程。[2]

---

1 Richard Wilhelm, „Goethe und Lao Dsï", *Der Mensch und das Sein*, S.113.
2 Richard Wilhelm, „Dauer im Wechsel", *Der Mensch und das Sein*, S.274-275.

"理念"的语义在此发生了明显偏转,不再是静止抽象的理念,而是有和无、现实和精神的中介点,由此成为活泼泼的塑形过程本身。能否深刻地领会这一点,兹事体大,因为卫礼贤对卦象的解释实含有极强烈的当代指涉意味。一战后的欧洲充满了"野性的、混乱的、不可见的力量",各种政治力量及其所依附的神话在争夺欧洲心灵,这些力量如何才能得到塑造呢?卫礼贤相信,答案就暗含在这一卦中。[1]

四 世界进程中的柏拉图

以对人的整体性的寻求为线索,卫礼贤重新界定了柏拉图在世界文明史上的地位。作为"尺度和中心"的人,是东西方文化共同追求的目标。前苏格拉底的希腊思想家确立了人是万物之尺度的观点,将人从初民那种受控于集体心灵的不自主状态拔出。问题是,此"人"是谁?显然,不应是偶然的纯经验性个体。智者学派把人的自主性降为冲动和私欲,导致了人和国家的脱离,雅典在伯罗奔尼撒战争中的失败。唯有柏拉图认识到,"人"应深深地植根于世界进程的中心:

> 柏拉图认识到这一点,他寻求永恒的价值,它们不是由各人以轻浮的方式任意地加于事物身上,或者加以剥夺,由此他找到了理念,即原初图像(Urbilder),它们由深沉的直觉显现给人,作为永

---

1 Richard Wilhelm, „Dauer im Wechsel", *Der Mensch und das Sein*, S.273.

恒真理原初地存于事物中。故他塑造了一个新的神话，不再是出自集体心灵之无意识的神话，而是由个体而来的神话，但是这一个体由其自我出发，超越了变化的世界，上升到纯粹存在的领域。[1]

柏拉图将新的中心移到理性和认知领域。但也正是从这一时刻起，欧洲哲学中有了"理念的拥护者和大地之子的冲突"：一方面，理念无限优越于现实世界，成为追求的唯一目标，现实中的此在被视为暂寄生命的牢狱；另一方面，大地之子以放弃整体为代价建造其地上帝国，不受任何乌托邦构想的干扰。罗马帝国将一小群人送上统治的宝座，却让整个社会阶层和整个异民族沦为奴隶，人性中的兽性冲动完全占了上风，其标志就是血腥的罗马斗兽场。这是绵延至今的帝国主义的开端，但它绝不意味着人的整体性的实现，因为其征服意志绝非发自人性的中心，而是某些机构出于自我维护的欲求，以血腥手段把自己建造为尺度和中心。基督教的道路则由柏拉图而出，试图在柏拉图的超越世界中找到另一条实现人类作为尺度和中心的道路，但显然也不太成功，教会以苦修压制肉体，被压制的恐惧和欲望却以魔鬼的形式在夜间闪现。故基督教的"人"也谈不上是"尺度和中心"，因为其中存在内在分裂：至高理想被投射到外在的领域，那是上帝和圣徒、天使的居所，人只有死后才有望进入其中。[2] 中世纪末期的混乱和纵欲揭示了基督教时代精神的疲软，精神和肉体不自然的区分导致虚伪盛行，精神最终从天上跌回了地上。

---

1 Richard Wilhelm, „Der Mensch als Maß und Mitte", *Der Mensch und das Sein*, S.31.

2 Richard Wilhelm, „Der Mensch als Maß und Mitte", *Der Mensch und das Sein*, S.31-33.

卫礼贤勾勒了一条文化史的演进路线，在此路线上，柏拉图只是重要站点之一。他意识到了当代世界的无序和西方思想传统对世界的分裂性理解的内在关联，西方的原罪乃在于对世界的先验性统一的破坏，而柏拉图是始作俑者。为了重获超越性的整体经验，卫礼贤试图以易经来修正旧的哲学传统，可永久的当然是精神，是理念，但理念不是空间中单独分隔开来的一个个固定实体，而是在时间中运行变化的有机体，其运行变化体现了"道"。卫礼贤以"象"化"理念"的激进行为，受到了同时代的中国哲学史家佛尔克的严厉批评，后者认为，恍惚变化的"象"无关于西方的永恒理念，"象"所缺乏的正是理念说中特有的东西，即独立的存在，因为这些"象"只是在"道"的精神中即将生出的事物之表象。[1] 这却正说明，卫礼贤是要从差异中熔炼出新质，将相区别的两件事物都带向超越层次。理念是源自柏拉图的西方传统范畴，通过和变化的结合，其抽象性得到了消除。

这无疑是一种深刻的文化批判。在一战浩劫的背景下，卫礼贤明显地感受到了传统西方文化、基督教神学在充满危机与混乱的现时代的无力，要另求一条使文化重生，使人恢复其在宇宙中的地位的道路，那就是东西方的结合。卫礼贤有一个基本看法，即中国是易经所体现的变易文化，而西方文化的核心是柏拉图式静止的"存在哲学"（Seinsphilosophie）。其根源在于，西方人的时空观是静止的，时间和空间被看成是和事物相分离，一件事物在此时此地有某些特定的品质，在

---

1 Alfred Forke, „Rez.: Wilhelm 1924", *Zeitschrift der Deutschen Morgenländischen Gesellschaft*, N. F. 4, 1925, S.330.

彼时彼地又有另一些品质。由此外在的时空观,才导致了柏拉图式二元结构和贯穿欧洲思想始终的裂隙,这道裂隙永远地横亘于理想的(不变的)彼岸世界和不完善的(变易的)现实之间。[1] 而中国哲学视生命为整体,这就意味着生命具有这样一种品质:"它在时间中延展,正如物体在空间中延展一样,却仍然是一个统一之物,在自身中自由之物。"[2] 西方人尤其无法理解时间性的内在变化,可是,真正的自由恰恰立足于时间的维度。按照卫礼贤的隐喻,真正的自由并非任意地改变外物,就如同人们从树枝上采摘无花果;自由乃是无花果树的隐得里希(Entelechie)在其发展过程中得以有机、自然地展开,而不受外力的影响。西方人为了维持一个僵化的、适应理性需求的框架,放弃了时间的创生性维度。但是,在中国思想中,时间才是宇宙系统的真正的联系性原则。卫礼贤相信,孔子不与外人道的那些隐秘认识("夫子之言性与天道,不可得而闻也"),正是基于"时间的有机体"的思想:"植物的理念不仅是——从空间分隔的角度上看——空间上隔开的、相互配合的各部分的有机体,而从时间上看,也是一系列互为因果、相互转换的,处在封闭循环过程中的状态的有机体。"[3] 时间(乾)在转换、更新中联系一切,包括坤(作为空间性原则)所保藏的一切物质成果。孔子由此意识到了自己和古代传统的一体、后死者和先祖德行的生动联系,而孝敬心和葬礼成为联系的媒介。

---

1 Richard Wilhelm, „Kosmische Fügung", *Der Mensch und das Sein*, S.8.

2 Richard Wilhelm, „Kosmische Fügung", *Der Mensch und das Sein*, S.9.

3 Richard Wilhelm, *Kungtse: Leben und Werk*, S.175-176.

卫礼贤对柏拉图的看法，无形中将他和一位更有名的柏拉图批判者——尼采——联系起来。事实上，卫礼贤熟悉后者的思想。"人性的，太人性的"是卫礼贤的惯用语，指代庸众囿于习俗的肤浅愿望。而老子和尼采一样"坚决地站在超越善与恶（jenseits von Gut und Böse）的立场"[1]，他对道德文明的攻击和尼采一样采取格言警句的形式，充满悖论性的表述。[2] 尼采眼里的柏拉图是西方形而上学的代表和虚无主义的总根源，由理念／现实的二元结构，衍生出基督教的此岸和彼岸的对立，肉体和感官被贬为虚假之物。尼采将它彻底颠倒过来，以生活为最高的真实，而真理作为对流变的生活的人为固定，恰是谬误和虚无。卫礼贤的基本策略不是颠倒，而是中国式的调谐和包容。他从萌芽的角度来理解理念，由此，将理念由超越领域移到了它和现实世界的"之间"：

> 但所有这些在宇宙必然性内共同塑造了单个命运的运动方向的复杂力量有一个萌芽点，位于那无形式者成形之处，在无意识中生出图像之处，这些图像给出原始形式，有意识的和外部的演变根据这些形式而展开。这些起源极为简单。同样那些将一个展开的命运越来越快地推向其实现的以元素形态作用的力量，也有一个特定时段，那时动与不动处于临界点。在此点上，一切都还是极容易的。[3]

---

1 Richard Wilhelm, *Lao-Tse und Taoismus*, S.55.

2 Ibid., S.53.

3 Richard Wilhelm, „Einzelschicksal und kosmische Entwicklung", *Der Mensch und das Sein*, S.6–7.

给出"原始形式"的"图像"当然就是理念，但它是将成形而未成形者，是意识和下意识、可见和不可见、静止和运动的交汇点，也就是他特别重视的"几"或"微"，这里才有作用的可能——由知微和知己而达到对历史和命运的塑造。这种塑造作用的具体路径，就是中国的易经。由易经去理解不同维度的变化形式，是中国古人克服机械的矛盾律和因果关系，顺利融入"宇宙结构"（Kosmische Fügung）的秘密。

摆脱二元论造成的分裂，是现代的西方知识分子普遍关心的问题。卫礼贤和尼采一样希望突破形而上学的框架，达到"生活"的整体性。尼采的"生活"意味着保存和提高，它以"权力意志"为本质，以"相同者的永恒循环"为运作方式。卫礼贤的"生活"借由中国的"德"的概念表达自身（卫礼贤译《道德经》的"德"为"生活"），生生之谓德，同样强调了保存和提高。变化本身成为不变的宇宙秩序，也类似于"相同者的永恒循环"，在此框架中，中国思想成了以二元力量（阴阳、性理）的冲突为内容的真正的一元论。[1] 卫礼贤相信，摆脱了区分的形而上思维，而和宇宙意志合为一体的人，就成为耶稣那样的"神人"，这个阶段的人完全内化了神性，获得了"尺度和中心"。卫礼贤用来翻译中国的"中庸"的"尺度和中心"（Maß und Mitte）一语，同样来自尼采的《人性的，太人性的》。

---

1 Richard Wilhelm, *Tao-te-king: das Buch vom Sinn und Leben*, S.33.

五 世界作为批判的依据

自然人们会质疑,卫礼贤在多大程度理解了柏拉图?是否中国智者真的如此高明,可以开创人类精神的全新局面?是否西方就只是存在哲学,难道变化哲学不是自赫拉克利特以来西方的另一主线吗?世界文化格局是否真的如卫礼贤描述的那样,东西方两分又是否成立?

实际上,卫礼贤分享了柏拉图理念论的基本观念。首先,可感世界生于不可见的理念或象,是卫礼贤解易的重要前提,故于连指责卫礼贤"在柏拉图式形而上学的影响下",误读了"成象"和"效法"的关系。[1] 其次,柏拉图以理念为终极因或目的因,但在此之外,还须设立现象运动的机械因或附属因。这一区分也方便了卫礼贤把握变易的不同秩序,易经的"易"被分三个维度:一般的因果变化;四季的循环;不变的宇宙之道作为保证万物各得其所的终极秩序。[2] 卫礼贤考察中国文化,始终注意从表面的变化、混乱中发现不变的东西,这种变化中的持久才体现了真正的中国性。正是柏拉图的超越命令,促使他去突破西方意识本身——对于理念的"爱"超越了西方公众对东方世界的浅陋意见(doxa)。在新的整体视域中,西方引以为豪的物质文明体现的只是一种机械运动,而中国文化象征了更深层的塑造人与宇宙之和谐的模式,这种模式将人类导向真正的理念世界。

---

1 François Jullien, *Figures de l'immanence*, p.224.
2 Richard Wilhelm, *I-Ging: Das Buch der Wandlungen*, *erstes und zweites Buch*, S.212–214.

卫礼贤的东西方对立无疑是一种个人建构，所谓的东西方特性只具有象征意义。他所声称的中国圣人特有的"直觉知识"或"原初观看"，其实都是德国浪漫派的说法。"种子"隐喻对西方人来说也绝不新鲜，斯多葛派早已用"理性萌芽"（Vernunftkeimen）来诠释柏拉图的理念：由神性／原初理性／逻各斯内含的"理性萌芽"生成了万物。"种子"所表达的内在目的论更是德国浪漫派的基本思想，从赫尔德的"球体"（Sphäre）构想到谢林的同一性哲学都是其体现。卫礼贤借自生机主义（Vitalismus）的概念"隐得里希"也不外如是，这个词在希腊语中意味着目的内在于自身者，亚里士多德以之取代柏拉图的理念，歌德和生机主义者杜里舒都偏爱这一概念（后者是卫礼贤和民国时代许多中国学者的朋友，可能是卫礼贤这一概念的直接来源）。卫礼贤的矛头所指，也只是一个幻影，因为根本无法在哲学史上为"理念"找到一个固定含义，反之"理念"概念经历并反映了从柏拉图到现代生命哲学的一切观念变动，从一般说的永恒静止的真实存在到开放的塑形过程本身（R. Hönigswald），从奥古斯丁的神的自我认识到康德的"理性概念"（Vernunft-Begriff），几乎涵盖了一切语义可能。

德国唯心主义对于卫礼贤的笼罩性影响，为汉学界所熟知。佛尔克批评其易经翻译时说，如果不了解康德、黑格尔、谢林和叔本华等唯心主义者，就无法懂得译文中屡屡出现的"空间的现实性""精神的可能性""作为表象的世界""意志由艺术静观得到平静""超脱意志"之类的概念。[1] 德

---

1 Alfred Forke, „Rez.: Richard Wilhelm 1924", *Zeitschrift der Deutschen Morgenländischen Gesellschaft*, N. F. 4, 1925, S. 325–333.

国唯心主义和早期浪漫派深受柏拉图的神秘主义影响,他们也奠定了柏拉图在现代的基本形象。故与其说卫礼贤批判了柏拉图,不如说他延续了西方的柏拉图话语,尤其是德国浪漫派以来流行的柏拉图观念。无论卫礼贤怎样激烈地批评西方传统,也只是西方哲学以汉学神秘主义形式实现的自我更新。即便是对于理念的超越,也并不构成对柏拉图的克服,因为柏拉图从未将"理念说"建构为一个封闭系统,他的哲学思考从早期到晚期也一直在变动中。在卡西尔看来,让理念世界重新回到现象世界,也是柏拉图晚年的理想。辩证法家的本领不光是找到从现象世界到理念世界的上升阶梯,还要能在理念与理念之间建立生动联系,实现"系统性的协同"(systematische Gemeinschaft)[1]。理念不但相互间可以结合,且应处于运动之中。换言之,单个理念背后,还应该有一个更本原的关系系统。而向来作为柏拉图标签的现实物和理念的分离(所谓 Chorismos),毋宁说是自亚里士多德以降的柏拉图批判者建构的观念。

如果东西方都是建构物,自然谈不上是批判的依据,那么批判的依据来自哪里?答案是世界本身。致中和最终体现为,以宇宙整体的名义抵制一切偏颇立场;世界治理最终意味着,以世界之名建立世界关系。在动态的世界关系中,不但柏拉图是一个局部存在,孔、老、歌德也绝非超凡的个体,而同样是世界象征体系中的"关联点",标出一种特定的思维和交流方式。东方和西方、中国和欧洲并非对立的实体,而是随时换位的循环的两极。卫礼贤关心的并非思想史的精确考证,而是构建

---

[1] Ernst Casssirer, "Philosophie der Griechen", Max Dessoir, ed., *Die Geschichte der Philosophie*, Wiesbaden: Fourier, 1981, S.130.

一种普遍关系的框架,在关系系统内实现生命的流动和循环。易经让卫礼贤注意到了世界,但易经并非治理的根据,治理的根据乃是世界本身。占卜的本义,即处理世界的不确定性,以不确定性为前提处理世界关系。卫礼贤卜卦活动的高峰期处于一战后最初两年,正说明一战打破了确定性范畴,使东西方人同样处于文化忧患之中。[1] 卫礼贤的易经不是古老的《周易》,而是秩序(和变化)之书。"周易"变成"易经",暗示了一种去历史化和形而上学化。在这一新的层面,易经的基督教化或圣经的中国化都不成问题,反正耶稣、佛陀、孔子都是通向真正的秩序的临时界碑。卫礼贤所歌颂的"中国心灵"就是中国秩序。卫礼贤曾感慨地说,中国内部的种种差别都为一种共同的中华文化意识所融合,基督教却无法阻止一战中欧洲各民族的自相残杀。一切宗教/意识形态不过是历史性的价值形态,唯有中国才既老又新,既是美妙的学理和价值系统,同时又道成肉身地和人类生活有机地融为一体。他相信,中国现象能否推广到全世界,决定了人类未来的命运。[2] 故中国秩序实为世界秩序的隐喻。"中国"让卫礼贤心仪的,是它提供了一个至简至易的包容分歧、变化的框架,这种包容本身就是融人类和宇宙为一体的新宗教的表达。

卫礼贤将"攻乎异端,斯害也已"解释为"攻击异端邪说,只会造成损害"[3]。他深知,和偏颇的意识直接对峙毫无意义,这样做不但激发

---

[1] 卫礼贤卜卦活动的高峰时间(1918—1920)以及"文化忧患"(Kulturangst)这一概念,我都得自费乐仁教授在2016年首届青岛德华论坛上所做的报告《卫礼贤与易经》。

[2] Richard Wilhelm, „Dauer im Wechsel", *Der Mensch und das Sein*, S.292-293.

[3] Richard Wilhelm, *Kung Fu Tse: Gespräche*, Jena: Diederichs, 1921, S.13.

了对方的抵抗力,也让自身陷入了一种局部立场。真正的批判,是恢复宇宙的良性循环,以刚健、升进的创造精神来激活、转换一切。治理的关键是调协,在语言层面上就是不同的句法和叙事结构的相互适应。出自异文化空间的任何词汇,都携有一片广阔的隐蔽背景,其中含有无数的参照符号,它们代表着伦理、认识、历史、政治和生存的同时出场,代表着另一种生活形式和宇宙构想。像"象""道""名"之类凝重的词汇落下时,带来的语义冲击可想而知。但是,卫礼贤的话语调配是在宇宙一体的框架中进行的,前提是对于由变易实现自身的宇宙之整体特性的深刻体验(无论东西方都应该融入宇宙的大循环),这又不同于许多当代理论家将语言、语言的异质性绝对化的做法。

其结果证明,这种做法比后来萨义德以西方式话语反西方的"克服"策略更巧妙,而比之于霍米·巴巴又积极得多。自信参透了殖民者的幻想(fancy)空间的自我颠倒——他虐倾向无时不转为自虐——的特性,霍米·巴巴毋宁说有被动等待的倾向,因为即使完全顺从殖民者的独断要求,生出的也不过是一种怪诞的混杂物,任何正颜厉色的权威姿态都会沦为空洞的回声。但巴巴也仅限于破除妄执的一面,似乎完全寄希望于偶然,寄希望于殖民者悟到自身的虚无。颠覆的最终根据在于,一切实体无不归于寂灭,这不过是佛教虚无主义的现代翻版,而寂灭也是变相的理念,即与生灭相对的不生灭的本体。卫礼贤却早就意识到,佛教虚无虽是人类意识迈出的最勇敢一步,却不是认识的最终阶段,他在两重意义上超越了这一步:1. 从宇宙论来说,变化中仍有持久,虚无还未达到"次第相续"的阿赖耶识或第一自我[1]；2. 从人生论来说，应该对变化的萌芽施以积极影响。被动地等待其实十分危险，世界上有无数不幸均由偶然而生。不确定性仅是前提，而非治理的最终目标。这正是易经和佛教对待变易的不同态度的体现，易经由不居领会到生生不已，而释家因无常而作空观。"易"的框架不仅容纳了西方的理念，还有包容反理念——印度式虚无——的余地。

卫礼贤实际上揭开了后殖民赖以批判的隐蔽秩序，即宇宙范围的沟通与循环本身。卫礼贤区别于当代后殖民理论家之处，在于他径直走向了正面建构。他将德国唯心主义、现代生命哲学和中国传统思想结合，把变易性发展为了新时代的逻各斯，"易"之三义成了变化世界的智性结构，他以此来解释东西方的思想、文化、政治事件，预测当代历史走向和人类前途。他不是简单地解构西方知识霸权，而是在整体框架中将东西方相对化，在整体秩序中重构人类经典文化符码如柏拉图、康德、歌德、孔子、老子，在全球性的要素调配中重塑人性、神性、德性、理性等基本概念，这无疑提供了一种世界关系治理的新思路。

1　详见 Richard Wilhelm, „Einige Probleme der budhistischen Pschychologie", *Sinica*, H. 3, 1929。

孙周兴评论

因为最近自己忙着写东西，本次德华论坛的组织和会务主要是由余明锋博士承担的，我觉得他做得很好。比如四位主讲嘉宾的安排就很有节奏，第一位费乐仁教授主要讲文本，第二位顾彬教授主要讲文本的效应，第三位叶隽教授开始谈跨文化或比较文化，最后一位是范劲教授，讲的是哲学了。一步一步来，安排得很好。

另外我也发现，我们国外来的同事更喜欢谈文本，而我们中国的同事更喜欢谈宏大的东西，理论呀，哲学呀，形而上学呀，后形而上学呀，等等。这个不知道是什么情况？是我们中国学者更有思想吗？好像没有听说过呀。这个事情值得我们好好反思一下。因为最近几年里我接触过我们欧洲的同事们，实际上他们的工作多以文本分析和讨论为主；而我们中国学者包括我自己在内，好像都喜欢上纲上线，做大而化之的议论。

今天下午的报告人范劲教授，我是第一次见面，他刚才说他从小就读我的书，我知道他是哄我的，刚刚我告诉他，他读的是我小时候写的书，当然也是哄他的。范劲博士今天终于把卫礼贤搞成了一个哲学家。我想这个是他的报告的成功之处。我们每一个报告都应该有一些出乎意料的想法和说法，这样才会有意思。就此而言，范劲教授的报告是成功了。

范劲教授的报告题为"卫礼贤的柏拉图批判"，说的是卫礼贤的柏拉图主义批判。我们知道柏拉图主义批判是20世纪西方哲学的一项基本任务，准确地说是19世纪中期马克思、尼采之后西方哲学的基本任务。如果说卫礼贤已经实施和完成了柏拉图主义批判，这个定位和评价就特别有高度了！把卫礼贤放在后尼采的柏拉图主义批判的视野里面来讨论，我认为这个思路肯定是有创意的。

今天上午我本来想给辜学武教授提个问题。我很佩服辜教授，他是辜家的后人，但在点评叶隽教授的报告时，他竟斗胆把辜鸿铭先生说成一个骗子。这个我觉得也是很不容易的。我大概是孙子的后代，一直就喜欢说孙子多么多么牛。辜学武教授却不为尊者讳，批评本家前辈辜鸿铭先生，当然这是辜学武教授的立场问题，后面我也会涉及这个问题。实际上辜学武老师给我们提了一个很好的问题。

范劲教授在报告里为我们重构了一个超越中西视角的、直指未来文化的哲人卫礼贤。我们在进行文本解释的时候，总是在表达自己的想法，所以，范劲教授这种重构也表达了他自己思想上的野心，他自己的思想抱负。通过"理念"与"象"的异同比较，通过歌德和尼采的反柏拉图主义，最后来讨论卫礼贤哲学中的世界治理方案。我觉得很好，这样的格局特别有意思。那么我也有几个问题要请教范劲教授和在座的各位同仁。

第一个是中西两分的问题。按照范劲教授的想法，他认为卫礼贤有一个基本的看法，认为中国是一种以周易为代表的变易文化，而西方是以柏拉图主义为代表的存在哲学，是不变的。这样一种二分差不多是对的。但是呢，我们不要忘记西方也有从赫拉克利特开始的赫拉克利特主义的变易文化，甚至亚里士多德主义，甚至后来的奥古斯丁主义，后来的神秘主义，尤其是犹太神秘主义，直到后来的存在主义，或者我把它译为"实存主义"。这一派哲学从20世纪中期开始就成为主流文化。我不太会相信卫礼贤没有关注到基督教神学、神秘主义以及存在主义／实存主义等这个"变易文化"传统。这里面有不少问题。简单地说西方如何如何，中国如何如何，恐怕是粗暴的。其中也涉及一个问题：什么叫西方？难道西方文化就是"柏拉图主义"？

今天上午，叶隽教授在回应辜学武教授的时候说，主要是要看卫礼贤的文化立场。我认为这话也不是太可靠。先看卫礼贤的文化立场是西方的还是中国的，然后来看他是中西对话，还是西西对话？我觉得时下很多中国人采取的是西方主义立场，难道我们都成了西方人吗？我们在场的何心鹏博士，他是德国人，但他的中文比我讲得好，他的中国哲学比我搞得好，那么他到底是欧洲人还是中国人呢，或者我倒是欧洲人了？还有在场的司马涛博士，长得像德国人，但我看他就是"中国人"。单纯以文化立场来判断一个人的身份，恐怕真的是有问题的。一般而言，我认为我们现在这样的中西二分的观念是大成问题的。今天中国持西方主义价值和立场的，我估计会超过半数，是不是大概只有五六亿人是"中国人"了，而其余都是"西方人"喽？这里面的纠缠让人头痛。

我觉得，我们现在以文化单位，从集体主义的角度做这样的划分，仍然是柏拉图主义传统思维的划分。实际上我们可以来设想，辜鸿铭就是喜欢卫礼贤，他们是两个独立的个体，又不断地进行异质文化交流。为什么不呢？但我们好像向来不愿意这样来思考，我们总会认为卫礼贤代表着西方传统，而辜鸿铭代表着中国传统，然后这两个人开始了中西文化交流。为什么是这样？我有好几个中国朋友娶了德国女孩做老婆，也有好几个德国朋友娶了中国女孩做老婆，我觉得这是个体之间发生的情况，不是——不一定是——"文化单位"之间发生的事。有时候我们更应该重视的是个体的实存处境和状况，很可能是个体实存状况决定了他的立场，未必就马上上纲上线。这是一个问题。

或者我们可以这样说开去：中国近代文化争论了100多年，我们从来没有摆脱过"古今中西"这样一个讨论格局，动不动就往上面套，要么传统要么现代，要么中国要么西方。那么你就得站队，你是站在古典还是站在现代？你是站在西方还是在中国？立即就开始站队了。怎么摆脱这样一种变态的古—今、中—西二分的谈法？实际发生的情况可能并非如此。我在浙大开会，碰见何心鹏博士，谈了一会，或者听了他的发言，我就觉得这位学者不错，我说到我们那里工作吧，他就来了。这个过程里面我可能并没考虑他的出身来历，他的文化立场等等。司马涛先生来上海工作，可能遇到了什么人，可能因为什么个人原因，就来了上海并且待了下来。个体之间的真实遭遇要比我们所谓的跨文化沟通和交流要复杂得多。但我们也许更愿意强调后者而不是前者。

上面我提的问题是这样的：如何可能摆脱我们100多年以来这样一种不断重复、已成定式的"古今中西"的讨论模式。在此我也想请教各位。你说西方文化主流传统一直是柏拉图主义，是一种关于恒定的、不变的理念世界的追求，这大概是尼采和海德格尔的基本主张。西方哲学文化的主流大概是这样子的，变易传统只是支流，至少在19世纪之前是这样。中国文化强调变变变，但我们反过来从文化史的角度来看，恰恰中国社会和中国文化是少有变易的，是恒定的，从先秦以后似乎就没有太多的变动，以至于被金观涛先生说成是"超稳定结构"。这种情况怎么来解释呢？这是很让人头痛的事情。这样的中西讨论是不是要继续下去？我们今天上午在讨论卫礼贤、辜鸿铭，是不是要给他们定量一下，这人70%是中国的，30%是西方的？我觉得十分无奈，这种讨论是否可能，有无必要？这是中西两方面的问题，我们应该怎么来破解？

实际上现在的状况已经高度复杂了。像我自己专门从事欧洲哲学研究，对于中国文化就了解得并不多，一天到晚就是希腊呀，尼采呀，现象学呀，海德格尔呀，这样子对于一般中国老百姓的心智来说是格格不入的，简直就是神经病。同样地，对于一般德国人来说，尼采和海德格尔恐怕也算得上精神病了。还有希腊，所谓的"古希腊"到底在哪里呀？我们知道今天的希腊人早已经不是悲剧时代或者哲学时代的希腊人了，如果还像海德格尔那样言必称希腊，那不是一种病又是什么？那你说我是欧洲人还是中国人呢？更不要说现在实际的状况，像我一个朋友，几个小孩在美国出生和长大,外表是中国人,但一句中文也不会讲,你说他是中国人吗?

第二个问题是关于神性与超越性的问题。我也想请教一下范劲教授和在座的其他专家,卫礼贤是怎么看待这个问题的。范劲教授刚才的报告对这方面讨论得比较少,但我们必须考虑到这个问题。欧洲历史上大凡战乱时代,知识分子们就会赞扬中国—东方文化,觉得中国文化好。这个很有意思。比如莱布尼茨,他大概认为欧洲历史上的战争的根本原因在于宗教,欧洲文化的宗教感太强,是宗教与宗教之间的冲突,所以他认为中国文化传统更好,因为它没有超越性,没有神性,不绝对不极端,是一种"自然神论"。他这个说法自有其道理。法国的重农学派也有类似的看法,所以才推崇中国伦理文化。在第一次世界大战时的卫礼贤,估计也出于相近的原因才说中国文化好。

中国文化、中国人没有"超越性"是什么意思呢?按照美国汉学家安乐哲先生的想法,中国文化是一种关联文化,一种关系文化,总是强调世上万物是共生共长的,事物之间是相互关联的,并不会认为有一个东西是决定着我们的,而我们却影响不了它。中国人不愿意承认超越性的神性之物的存在。这个说法说白了就是说中国文化很世俗,我们中国人总是倾向于关注现实生活中的细细节节的相互联系在一起的因素。那是由我们的语言来决定的。我们的汉语是一种关联性语言,不适合来表达超越性的关系。这是安乐哲先生的想法,我是完全赞成的。

欧洲—西方文化具有超越性特征,无论从形而上学、存在学/本体论(ontology)、形式科学的角度,还是从基督教神学的角度,都可以看出这一点。所谓两希文明，希腊文明开展出一条我称之为"形式超越"的路线，形成了今天规定着全球文明的哲学存在学和形式科学体系，而犹太—希伯来则开展出一条我称之为"神性超越"的道路，产生出基督教神学的信仰系统。与此相比，中国文化传统确实具有高度的异质性。中国主流文明传统是所谓的非超越性的、非宗教性的伦理文化，被莱布尼茨称为"自然神论"。于此产生的问题是：卫礼贤作为一个基督教传教士，当他碰到中国文化时，他内心有着一种什么样的精神冲突？他本人的宗教背景是有一种超越性维度的，但他遭遇到的是高度异质的中国文化。这是我们需要关注的问题。联系到我们上面讲的，卫礼贤是否以及如何破除中西二元的困局，以及与此相关的古今之变的迷阵？或者，当我们这样追问时，我们是不是早已陷入"中西古今"的老旧模式中了？

最后要说的是，我很高兴看到范劲教授在今天的报告中提到了"世界文化"和"未来文化"。这样一种关切，我认为实际上应该成为我们今天学术思考的基本动因和根本要求。如果我们不关注今日世界的文化状况，不考虑人类未来的文化走向，实际上我们的讨论就是失去了最重要的一块。如果说卫礼贤认为人类的未来要寄希望于中国文化（我不知道这是不是真的），那么我们得追问一下：他这种主张与我们经常听到的国人想法是否一致？多年以来，我们在中华文化的讨论中看到了这样的表述，包括所谓"中学为体西学为用"，包括已故的季羡林先生说的"三十年河东，三十年河西"，等等。反正逻辑是：西方不行了，现在要轮到我们了。

这里让我联想到海德格尔的想法。有人问海德格尔，我们是不是可以把希望寄托于非欧文化，比如东亚文化？海德格尔说：不可能，哪里有危险，哪里也有救——这是荷尔德林的诗句。是的，现代技术工业把人类整体带入危险中了，但海德格尔认为，不能指望于别的文明，还得重新返回到希腊源头，在那里寻求一个解决的方案。如果卫礼贤真的也认为只有中国文化能够拯救世界，那么我们必须指出，今天的现实恐怕不是这样的。只要不是蓄意曲解实情，我们就不得不承认，今天的人类依然是由西方文化主导的，西方文明通过科学、技术、工业占领了全球。

那以后怎么样？什么样的文化力量是真正具有未来性的呢？真的是中国文化吗？真的是儒家伦理文化吗？这些都成了问题，都在今天的现实中得到了表现。在我们今天的文化讨论中，出现不同的声音，不同的表达，不同的主张，那是对的，是好事。然而我们要追问的是：世界文化以后要往哪里走？其中什么样的文化元素才是最有力量和最有希望的？

这大概是我要说的意思，讲得有点零乱了。但无论怎样，我很感谢范劲教授今天这个精彩的报告。范教授告诉我们：第一，卫礼贤是一个哲学家；第二，卫礼贤视界开阔，也正在思考人类的未来。我自己眼下也正在思考现代技术与人类的未来，所以范教授的报告是我深有兴趣的。

好，谢谢大家！

卫礼贤生命中的最后十年

卫礼贤生命中的最后十年

司马涛（Thomas Zimmer）著

叶瑶译

本文论述的是卫礼贤的最后十年人生，即1920至1930年。相关档案于2006年夏天始由法兰克福大学档案馆和巴伐利亚社会科学研究院档案馆（慕尼黑）开放，供人查阅。

本文大体上采用编年体论述方式，以便恰当地呈现卫礼贤这一时期的生活所经历的全方位变化，同时视必要情况，对需要解释的地方——例如查阅卫礼贤日记时所发现的重要之人或之事——做出进一步说明。[1]

一　重返德国（1920年10月）以及再次来华之准备（1922年1月）

1914年第一次世界大战爆发不久，德国的殖民地胶州便被日

---

[1] 下文如未另作说明，则凡提及档案文献时，均指巴伐利亚社会科学研究院档案馆（慕尼黑）(以下简称BayAdW）内容丰富的资料收藏。本研究的完成离不开香港研究资助局（ERG 2466/05H）的支持，在此致以特别感谢。

本人占领。待德国在一战中败北，胶州的生活就变得愈发艰难。卫礼贤在青岛的两名神职同事苏保志（Wilhelm Seufert）与博纳博士（Dr. Bohner）被当作战俘押到了日本，只有卫礼贤获许继续留在青岛。"礼贤书院"（Deutsch-Chinesische Seminar）和淑范女子学校（Mädchenschule）[1]尽管还能支撑运转一段时间，但最后仍因财政困难不得不停止办学。继续留在中国至少在当时看来毫无前景可言，于是卫礼贤决定返回德国。1920年4月初，卫美懿带着四个儿子与苏保志一道搭乘"南海丸号"（Nankai Maru）轮船，离开了青岛，前往德国。那些仍旧留在青岛的少数德国人则成立了"青岛德国联合会"（Deutsche Vereinigung Tsingtau），作为他们共同利益的代表，并推选卫礼贤为联合会主席。不过当消息称7月份的"梅丸号"（Ume Maru）将作为最后一艘运送德国战俘的轮船由西伯利亚驶往德国时，卫礼贤决定搭其回国。由于轮船反复推迟到港，他在上海耽搁了几周，但最终于1920年10月初抵达德国。回国伊始，他没什么明确的计划。如果说卫礼贤曾希望成为他的岳父克里斯托弗·布卢姆哈特（Christoph Blumhardt，1919年8月去世）在巴登博尔镇（Bad Boll）的继任者，那么最后当那里的事务被移交给亨胡特兄弟会时，他的希望亦告

---

[1] 卫礼贤于1900年5月首办"德华神学校"（Deutsch-Chinesische Seminar），旋即改名为"礼贤书院"，并于1901年6月开学招生。1905年，卫礼贤又设礼贤书院女生部，以其妻名称之为"美懿书院"，后于1912年脱离礼贤书院自立，改名为淑范女子学校。——译注

落空。¹

返回德国后，出于政治联络方面的原因，卫礼贤先留在柏林，他的家人则住在斯图加特。

1921年，卫礼贤的生活充满着旅途奔波，例如2月与3月，同善会派他到黑森州与莱茵地区做了多场活动，活动对外统称为"传教士卫礼贤巡回演讲"²。卫礼贤在巡讲中亦不忘争取支持，以期在北京创建一个研究所。³这个研究所后来有个名称叫"北京东方学社"（Pekinger Orient-Institut），当时获得了教会的短暂支持。学社的任务在于推进一种"国际的、学术的、文化的与宗教的沟通"⁴。卫礼贤自己似乎认为，中国方面对建立这个学社很感兴趣。⁵

不过，除了教会活动之外，卫礼贤亦忙于积极与那些在中国结识的熟朋旧友取得联系。凯泽林伯爵1911至1912年做环球旅行时，与卫礼贤在青岛相识，他邀请卫礼贤1920年11月到达姆施塔特参加由他创办的"智慧学院"（Schule der Weisheit）的成立大会。不过从凯泽林与卫礼

---

1 参见卫美懿：《卫礼贤——中国与欧洲间的精神使者》，瓦尔特·弗里德里希·奥托作序，杜塞尔多夫/科隆：欧根·迪德里希出版社，1956年，第262页（以下称《卫礼贤》）。关于卫礼贤1920年生活的原始资料非常稀少。他该年的日记已遗失，现仅存他妻子的日记（BayAdW, N1 R. Wilhelm 194）。
2 参见1921年日记（《1921年事务笔记日程本》，BayAdW, N1 R. Wilhelm II/49）。日记内容不多，但从所记的各次出行时间可以看出全年的繁忙行程。此外亦记录着一些私人事项，标示了通信情况，有几页还写满诗歌习作。
3 参见1921年日记，手书于一张行程表的背面："今日的教堂募捐是为在北京建立'高雅生活'学社。"
4 参见《卫礼贤》，第264页。
5 同上书，第267页。

贤的通信中显然可以推知，两人要到1921年才会碰面。[1] 有证据表明，1921年秋天卫礼贤就在达姆施塔特。他在1921年9月29日与30日的日记里写道："中午在凯泽林伯爵处（……）。在卡皮希博士处喝茶，而后在酒店见S. 伯爵夫人。"[2] 一个月之后，卫礼贤再次现身达姆施塔特，出席"智慧学院"的会议[3]。

上文简称为"S. 伯爵夫人"的即贝尔塔·冯·弗兰肯-西尔施托普夫伯爵夫人（Gräfin Bertha von Francken-Sierstorpff, 1876—1949），娘家姓弗莱因·冯·施图姆-哈尔贝格[4]，她亦是对卫礼贤的后续发展起到巨大作用的重要人物之一。伯爵夫人缘何对中国兴趣高涨，目前仍未可知，很

---

[1] 卫礼贤的遗稿中（BayAdW, N1 R. Wilhelm II/258+259）有凯泽林写给他的信件。在1921年2月8日的一封信中，凯泽林首次提到他听闻卫礼贤已回到德国，且计划拜访达姆施塔特。他邀请卫礼贤参加五月底"智慧学院"的会议，并请他准备一场报告。1921年2月27日，针对卫礼贤的回信，凯泽林又寄来一封信，信中请卫礼贤做两场报告，报告酬金则与"智慧学院"的负责人库诺·哈登贝格伯爵协商。

[2] 参见1921年日记。

[3] 会议时间是1921年10月25日至30日，卫礼贤做了两场报告，即"自然界的转变"与"人类生活的转变"。参见芭芭拉·加尔特：《赫尔曼·凯泽林伯爵的生平与作品》，埃尔朗根-纽伦堡大学教授就职论文，1976年，第395—399页。

[4] 更多说明可访问网址：http://www.dufner-genealogie.de/stumm/frameset.htm。贝尔塔·冯·弗兰肯-西尔施托普夫伯爵夫人是工业家卡尔·费迪南德·施图姆（1836—1901）的女儿，施图姆在19世纪通过萨尔州的钢铁生意（主要是位于诺因基兴的炼钢厂）积累了巨额财产。了解伯爵夫人的私人生活，一定程度上亦有助于解释她在卫礼贤日记中令人困惑的形象。她的第一任丈夫是赫尔穆特·爱德华·费迪南德·卢西乌斯·冯·施特登（1869—1935），两人于1896年结婚，共同生育了两个女儿：伊尔玛·伊达·埃伦·冯·卢西乌斯（1897—1976）和尤塔·伊丽莎白·伊达·冯·卢西乌斯（1903—1959）。1912年，伯爵夫人与第二任丈夫阿达尔贝特·费里德里希·冯·弗兰肯-西尔施托普夫（1856—1922）结婚。相关文献参见《弗兰肯-西尔施托普夫家族与伦辛家族的捐资人与捐款》，科隆市波茨区：卡尔·博莱自印，1982年。

可能只是图个时髦。不管怎样，对施图姆家族或其他大工业家而言，文化捐助或资助这类事情并不陌生，例如他们在诺因基兴就为工厂工人建了一批房屋。通过与卫礼贤的初步接触，伯爵夫人显然形成了一个想法，即争取这位从中国回来的传教士来法兰克福创办一所德中学院，让其做汉学教授。[1] 不过，事情一开始就出了变数。1921年5月，作为一系列政治活动的结果，德国与中国之间达成了和平协定，德国驻北京的公使馆得以恢复，而卫礼贤从公使馆得到了一个职位。外交部找到卫礼贤，请他到公使馆做学术顾问。为了商谈此事，卫礼贤于1921年夏天多次前往柏林。具体而言，卫礼贤的职位需要担负全中国范围内的办学、传教以及文化等各类事务，可以预见的是，这将要求他走访中国的不同地区，比如天津、上海、汉口等地。面对该职位的强大压力，创办东方学社一事只得延后，更何况建社的资金始终无法到位。

二 卫礼贤在华之最后居留（1922—1924）：返华后工作之开端以及私人境况

卫礼贤在德国的停留虽说像一首幕间曲，但他在德期间即始终注意与各类名流建立关系，为他后来返回家乡、迅速开启在大学里的事业铺就道路。从卫礼贤1922年的日记中，我们可以对他该年的生活与工作形成相当详尽的了解。[2] 日记开始于1922年1月11日，卫礼贤启程离

---

1 参见《卫礼贤》，第269—270页。
2 同1923年与1924年的日记情况一样，1922年日记亦没有署名。

家。他在慕尼黑又与家人相聚一次,而后搭船前往威尼斯,先往达尔马提亚,然后再进入亚洲。卫礼贤提到了新加坡以及入住莱佛士酒店。1922年3月18日,他记录了对总领事蒂尔(Thiel)的拜访,与之在南京路上的散步,说明他已抵达上海。卫礼贤立刻展露出惊人的行动力,一种在他未来岁月里一再显现的行动力。到上海没几天,他便多次与康有为(1858—1927)会面,与其一同拜会了当时在上海逗留的德国公使博耶(Boyé)。1922年3月30日,卫礼贤和博耶一同出发前往北京,中途在济南与天津稍作逗留,4月2日抵京。

卫礼贤1922年的日记提供了一些涉及其私人与工作境况的有趣信息,另一些情况则可参阅他的通信。他对通信有着精确的登记,把他寄出与收到的信件都做了编号记录。其中最引人注意的是与莉泽尔·巴尔的通信,她是卫礼贤在青岛时的学生,一战结束后同样返回了德国。莉泽尔与卫礼贤一家自始至终都保持着紧密关系,这一回将作为卫礼贤的私人秘书来北京。这段时期,卫礼贤似乎与这个曾经的女学生有着某种深入的感情关系。他几乎每日给莉泽尔写信,远远超过给他的家人,至该年年底共有104封信,而且每当莉泽尔的信寄到时,卫礼贤均会在该天日期下划道粗线。为了促成莉泽尔来华,莉泽尔的父母、卫礼贤的妻子卫美懿(Me)以及卫礼贤本人之间私下似乎进行了深入而漫长的商榷。最终于1922年11月16日,卫礼贤在日记里写道:"Me来信,莉泽尔已获准来华,现在柏林预备启程。"1922年12月14日,莉泽尔·巴尔搭乘"哈维尔兰号"(Havelland)离开鹿特丹。近两个月后,即1923年2月9日,卫礼贤赶赴天津港口迎接莉泽尔。他在当天的日记里记道:"置办了各种东西,等待莉泽尔。与她一同回到北京。总算到家。"轻松感表露无遗。1923年4月,卫礼贤与莉泽尔搬进了新住处。[1]

1922年的日记还透露了该年卫礼贤生活中一些难解的细节。许多日记末尾常会出现一组字母缩写"K.Y."。随着对日记的阅读,读者才可发现"K.Y."背后隐藏着一个名字"Kin Yen",一位显然来自某种茶馆的女子。可以推测,卫礼贤是习惯使然,在日记中记下了他与Kin Yen的交往,但他的加密处理引出了一个结论,即卫礼贤试图隐瞒某些事情。若信服此结论,则不难从日记中发现一些刺激之事。

如果有意在1922年的日记中找寻"K.Y."或者"Kin Yen"的痕迹,可以很快发现卫礼贤在这段关系中所陷之深。此处仅举几例:卫礼贤显然在寻找从公务中脱身之道,摆脱烦人的公事会面(1922年5月8日:"晚饭后红十字会的Yang邀我去电影院,为避开他去Kin Yen处")。到Kin Yen处走一遭似乎宣告着一天的结束(1922年7月23日:"从Li Lan Fang去Yu Tsi Hsien。11点钟过Kin Yen处回家")。在一定时期内,Kin Yen在卫礼贤的生活里似乎扮演着一个并非不重要的角色。他们一起在市内穿游。有些记录显示他们之间有着某种伴侣关系(1922年5月11日:"在Kin Yen处吃饭,饭后和她一同外出,为她生日买布料。[……]Kin Yen还去其他茶馆。"或1922年10月19日:"为Kin Yen购置冬衣")。卫礼贤显然觉得对她负有责任,且很重视改善这个女人的经济条件(1922年8月3日:"7点钟在Kin Yen处吃饭[带去100美元],后又

---

1 参见1923年4月17日的日记。

去 Yün Hia 处。"或 1922 年 12 月 30 日："在 K.Y. 处计划改善她的处境。"或 1922 年 9 月 23 日："后至 K.Y. 处为穷苦孩子们备好中式衣物。"更显而易见的是 1923 年 1 月 4 日："晚饭后至 Kin Yen 处，拒绝了救助建议。'她的命运不该如此'"）。同情是否在其中有所作用？难道卫礼贤想拯救一个"堕落女子"（1922 年 9 月 19 日："在 K.Y. 处。茶馆目前面临检查，受到诸多处罚"）？不过归根结底，似乎不光是博爱在起作用（1922 年 9 月 16 日："在 Kin Yen 处，带去手镯"）。至于 Kin Yen 方面是如何看待卫礼贤的，我们自然无从知晓，但日记中亦可找到些蛛丝马迹，它们使卫礼贤看起来几乎像一个受到愚弄的恋人（1922 年 7 月 26 日："晚饭在 Erl Tian 胡同 Mou Zi 处，后又去 Yu Yi Yuan。在 Kin Yen 处白白等 20 分钟，后回家。"两天后 1922 年 7 月 28 日："晚饭后到 K.Y. 处，她无法作陪，她很尴尬"）。我们不禁要问为何尴尬。大约因她不能接待卫礼贤？卫礼贤起了妒意？他期待某种忠诚？他怀有怎样的期待？我们在此只能猜测。

  这些私人事务尽管在卫礼贤的日记中占据了一定篇幅，但无疑不至于影响我们对其在华工作的观察。正如前文所预见的，卫礼贤会定期与北洋政府教育部就办学事宜展开协商，他也正是为此而重返中国，在德国公使馆获得一职之位。1922 年 5 月的日记提及了卫礼贤在北京和天津因办学事宜而进行的多次协商（"财政方面的商谈"）。虽然 1922 年的日记没有透露任何有关具体成功事例的信息，但从中可见中德双方至少在某些问题上存有分歧。[1]

---

[1] 卫礼贤在 1922 年 9 月 30 日的日记里记道："在部长先生处商谈办学事宜。要求去职，被拒。"

要想完整地描述卫礼贤在德国驻北京公使馆的活动，便不能不简要提到他的旅行情况。这些旅行以及卫礼贤对它们的记述同样让人清楚看到，卫礼贤在其职责范围内为公使馆所做的具体工作。用如今的话来说，卫礼贤的职责也许最好被称为"中小学及高校问题专员"。他没有自行决定的权力，工作范围也没有固定边界，他更多的是帮助搭建联系、做好中介沟通以及当好德方代表，但这并不有损于他的工作尊严。因其长期的在华经历和广泛的熟人关系，卫礼贤可以成为许多项目的重要推手。套用如今的话，许多事能借助他的关系网来完成，这一点在他1922至1924年的日记中亦有体现。因此，1922年3月到上海不久，他即与改良派政治家康有为会面。1922年4月起，他不时与辜鸿铭（1857—1928）见面，后者亦参与了"东方学社"的建设。1922年9月，卫礼贤陪汉学家费迪南德·莱辛（Ferdinand Lessing，1882—1961）赴大同完成私人旅行后，紧接着于10月份赶赴南京迎接生物学家及哲学家汉斯·杜里舒（1867—1941），后者受讲学社之邀，自1923年1月起作为客座教授在北京各个大学授课一年。[1]1923年1月中旬，因商谈"学校事宜"所需，卫礼贤又到汉口参加"女子学校女性教师研讨班"和一所"工程学校的董事会"会议，并做了多场报告。[2]1923年11月，他与瑞典的中国研究者斯文·赫定（Sven Hedin，1865—1952）会面。1924年

---

[1] 关于卫礼贤在杜里舒来华一事上对"讲学社"起到的推动作用可以参考他本人的报告（未标日期），见"德国大使馆档案副本"（B Nr. 871 K Nr. 113）（BayAdW, N1 R. Wilhelm II/155）。

[2] 参见卫礼贤提交给公使馆的详细报告（未标日期），见"德国大使馆档案副本"（Bd. I, 3600）（BayAdW, N1 R. Wilhelm II/155）。

4月,他陪着印度诗人泰戈尔(Rabindranath Tagore,1861—1941)旅行奔波,两人早在1921年就一同参加过"智慧学院"的会议。[1]1924年5月,卫礼贤又到上海出席同济大学在吴淞的新大楼落成典礼。[2]卫礼贤离华前几个月,仍跟汉学家洪涛生(Hundhausen)有过一次碰面。

除此以外,卫礼贤并未放松创办"东方学社"一事。最迟从1922年5月起,他为此事发起了一系列倡议。[3]卫礼贤联系了教育部[4],考虑使用北海边上的一栋建筑,那儿离故宫咫尺之遥。[5]1922年9月初,学社章程完成起草,送呈中德双方的合作伙伴。从遗存的文件资料可以看出学社规划之野心勃勃。[6]学社的目标在于"科学钻研三千年东亚文化,其中尤对哲学、历史、文化与艺术予以特别之关注"。学社计划一开始在北京或天津建立机构,但应竭尽可能在各个省份设立分支。学社还计划通过认捐方式募资100万美元,用于房屋、书籍以及运营支出。在对时代与危机氛围的感知上,东方学社的基本理念与西方的类似组织相差无

---

[1] 关于泰戈尔访华一事现存两篇报告。一篇写于1924年5月7日,见"德国大使馆档案副本"(Bd. I, 4204)(BayAdW, N1 R. Wilhelm II/155),同册可见另一篇报告,写于1924年6月2日,标题是《泰戈尔在华停留之补充报告》,卫礼贤在其中特别清楚地展示了不同方面对泰戈尔访华的反对意见,比如陈独秀(1879—1942)对泰戈尔发起一场笔伐,给泰戈尔造成了压抑的心理影响。

[2] 除了日记,亦可参见卫礼贤写于1924年5月29日的报告,见"德国大使馆档案副本"(Bd. I, 3414)(BayAdW, N1 R. Wilhelm M II/155)。

[3] 参见1922年5月4日日记:"北京东方学社的草案。"

[4] 参见1922年7月27日日记:"拜访教育部。汤(尔和)在参加内阁会议。见到兼职顾问切克(Tschenk),提交了学社问题。"

[5] 参见1922年9月1日日记:"为东方学社之事拜访Jiang将军,申请使用北海边的一处房子。"

[6] 参见"东方学社章程"(BayAdW, N1 R. Wilhelm 113)。后续引文均引自该章程。

异,因这种危机氛围对一战后欧洲的文化意识同样有着决定性的影响。
不过,考虑到学社创办人的构成——卫礼贤是其中唯一的非华人,一种
特殊的中国视角必然占据主导地位[1],例如人们以极其中国式的方式抱怨
道德的崩塌:"圣人之义遗忘殆尽",后果就是谋杀、屠戮与混乱充斥四
方。学社宣告要致力于推广中国圣人之学的思想遗产,进而让这些传承
至今的知识同样帮助西方克服危机。学社亦指出,"目前所有国家的大
学均设置了研究东方科学的教职,希图通过对东方文化的研究为自身树
立一面镜子",这不免过分夸大了自身重要性。最后,学社还掺杂着某
种模糊的愿望,即企盼"另一种进步之道路"。然而,找到另一种进步
之道路的途径有多晦暗,推动学社之发展便有多艰难。紧跟着初始的激
动,不久即是幻灭。1921年秋,凯泽林曾向卫礼贤大方表示过,可以在
荷兰做些事情推进学社发展,他要求把表明学社之意义与目标以及所需
金额等相关资料寄给他。[2] 最初,学社的发展看上去也不算坏,1923年
年初,单1月3日至12日期间就举行了四次碰面会,完善了章程,确定
了翻译[3],所募资金数目似乎也较大,除了张君劢(1886—1969)和一帮

---

1 除卫礼贤以外,其他创办人及其社会职务(仅辜鸿铭较难归类)分别是:罗振玉
(1866—1940),考古学家;王国维(1877—1927),清宣统皇帝(1906—1967)的老师;
沈兼士(约1887—1947),北京大学考古学及民俗学教授;辜鸿铭;柯劭忞(1850—
1933),前教育部长。
2 可参见卫礼贤遗稿中(BayAdW, N1 R. Wilhelm II/258+259)凯泽林的信件,详见1921年
10月2日的信,邮戳地址是阿姆斯特丹,信中提到可以提供帮助。但要到1921年11月
23日,即凯泽林久等不到卫礼贤的回复,又写一封信,才表明所谓帮助指的是向东方学
社提供资金。
3 参见卫礼贤相应日期的日记。

知名学者，学社还促成了梁启超（1873—1929）的加入，此外还与德国本土对创办学社一事怀有兴趣的名流建立了联络，但之后显然再无具体进展。1923年8月8日的日记中，卫礼贤只是简短谈到"没完没了的故事"和学社章程的翻译。[1] 卫礼贤是否已失去了兴趣，是否要放弃学社一事？这有可能。1924年在华的最后半年，他再未提及学社，而最终当他离开中国时，亦无人接手他的工作推进之。[2]

关于卫礼贤最终为何决定返回德国，原因众说纷纭，既有私人方面的，亦有工作方面的。尽管莉泽尔随卫礼贤在北京生活，但卫美懿和儿子们都留在德国。另外，卫礼贤从未放弃争取教授席位的计划，哪怕最初是中国，而非德国给了他获得教席的机会。由于跟北京大学校长蔡元培（1868—1940）的接触，卫礼贤从1922年6月起开始与北京大学建立联系。[3] 该年秋天，卫礼贤得到一个教职（1922年10月1日："大学发来了教职通知"），开始授课。[4] 一年之后，这种最初可能被卫礼贤视作"兼职工作"的授课迫于无奈变成了全职工作。1923年9月，公使馆告知卫礼贤，他的职位截止到10月底，给出的理由是财政困难。[5]

从卫礼贤1922至1924年的日记中，我们尽管可以相当充分地了

---

[1] 参见卫礼贤相应日期的日记。

[2] 参见《卫礼贤》，第291页。

[3] 参见卫礼贤1922年6月1日日记。

[4] 参见1922年11月1日日记："在大学授课。"1922年11月19日日记："饭后在家修改要去大学做的关于歌德的报告稿。"此外，从这段时间的日记中，还可知卫礼贤举办过关于康德的讲课。

[5] 参见《卫礼贤》，第284—285页。

解他为基本上与德国文化、哲学与文学问题相关的授课所做的阅读准备，但对他在汉学方面的阅读却几乎一无所知，这一点耐人寻味。卫礼贤家里定期会有书贩子上门，他们除了中国书籍，还会带来古玩和艺术品，但卫礼贤最终购下了哪些书，可惜无处查证。[1] 卫礼贤在这期间提到的唯一一本中国书是胡适（1891—1962）的。[2] 虽然卫礼贤没有留下关于中文阅读的任何说明，但我们知道他仍在研究汉学，在一步步推进易经的翻译。[3] 此外我们还知道，卫礼贤在1923年开始与张君劢一同编写一本德英中三语词典。[4] 不过，自1922年秋卫礼贤在北京各所大学授课起，他的精力似乎大部分投入到对西方作家的阅读当中。[5] 他读了歌德[6]、莫根施特恩、海涅、康德、哈曼、克勒尔、克尔凯郭尔、布克哈特[7]、斯

---

1 参见1922年12月15日的日记。
2 参见1922年12月5日与14日的日记，但由于手写笔迹问题，无法辨别书名，看上去近似"Ershu"，却又无法找到对应的胡适作品。
3 参见1923年3月份的日记，当时卫礼贤显然全力忙于易经的翻译工作，正如该年夏天一样。1923年7月27日日记："易经翻译结束"——画了三道下划线。
4 参见1923年初的日记，此外亦可参见梅希特尔德·洛伊特纳（Mechthild Leutner）：《汉学争论：卫礼贤在魏玛共和国的文化批评及学术立场》，载克劳斯·希尔施（Klaus Hirsch）：《卫礼贤——两个世界的使者》，法兰克福：IKO跨文化交际出版社，2003年，第53页。
5 卫礼贤成为全职教师后，在北京大学每周授课20课时，另在北京师范大学和医科专门学校亦有学生。
6 歌德的多部著作（《瑞士来信》《浮士德》《歌德谈话录》）以及关于歌德的论述（尤里乌斯·拉布，见1922年1月18日的日记）均有提及。
7 卫礼贤提及雅克布·布克哈特（Jacob Burckhardt, 1818—1897）时仅提到一个标题，即1860年的《意大利文艺复兴的文化》。另一处见1923年10月9日日记："文化与教育问题的历史"，似乎是卫礼贤后来所做的某个讲座的题目（参见1923年12月13日日记："读了教育书籍"）。

宾诺莎、史怀哲[1]、叔本华、蒙特梭利[2]以及让·保尔[3]等"经典作家"。此外，卫礼贤针对特定的主题也深入开展过一般性的阅读，其中就有莱恩[4]与迈尔[5]。除了这些"经典作家"，卫礼贤对当时的流行作家同样怀有兴趣，比如黑塞、阿芬那留斯[6]、戴默尔[7]和凯泽林。"经典现代"作家如托马斯·曼与贝尔托·布莱希特至少在当时还未进入卫礼贤的视野。然而有趣的是，卫礼贤开始对灵异、神秘和灵魂等问题越来越有兴趣，比如他阅读了基罗关于手相术的文章。[8]

无论什么时候，卫礼贤自始至终没有遗忘他的法兰克福计划。来华

---

[1] 卫礼贤对艾伯特·史怀哲（Albert Schweitzer, 1875—1965）的关注主要在1923年底和1924年初，可能是为某个关于哲学历史的活动做准备（见1923年12月9日日记）。

[2] 卫礼贤仅有一次（即1923年3月27日）提到玛丽亚·蒙特梭利（Maria Montessori, 1870—1952），但这位意大利女教育家与卫礼贤当时所从事的"教育"很契合。

[3] 让·保尔（Jean Paul, 1763—1825）的两本书《黑斯佩罗斯或45个狗邮日》和《利维纳》在卫礼贤1924年2月至5月的日记中反复出现。这两本书与"教育"这一主题之间有着清晰的关联。无论是作为"教育小说"的《黑斯佩罗斯》（1795年）还是《利维纳》（1807年），其中的"教育"思想值得考察，这些思想在19世纪初发挥过重要作用，对卢梭的一些思考亦有所体现。

[4] 该名字在1923年8月至9月的日记中出现十余次，但由于卫礼贤仅仅记录了姓氏，故而无法确定他指的是谁，不过很有可能是指弗里德里希·冯·莱恩（Friedrich von der Leyen, 1873—1966）教授，他从1920至1937年在科隆讲授德国文学，是童话研究专家。

[5] 卫礼贤早在1922年2月10日与11日即已提及爱德华·迈尔的《基督教起源》，将之与后来的授课工作关联起来，其中联系似乎不甚明晰。不过在1922年2月10日的日记中，卫礼贤写了一条不同一般的阅读评论："各种想法"。

[6] 费迪南德·阿芬那留斯（Ferdinand Avenarius, 1856—1923）仅在1923年7月13日的日记中出现过一次。

[7] 德国诗人理查德·戴默尔（Richard Dehmel, 1863—1920）要到1924年7月底才会出现在卫礼贤的日记中，当时卫礼贤已在返德途中。

[8] 参见1922年10月5日日记。"基罗"是爱尔兰占卜家威廉·华纳（William Warner, 1866—1936）的假名。

居留北京后,他在日记中首次重提法兰克福的聘任是在 1922 年 12 月 30 日("德国来了很多邮件。法兰克福的教职……")。显然,在法兰克福大学为卫礼贤向教育部提交教职委任申请之后,有些事情正在运作中。[1]1923 年 1 月 10 日,卫礼贤记道:"法兰克福来信:哲学荣誉博士,受聘法兰克福大学。"这消息听起来已然非常明确,但卫礼贤仍嫌不够。他给法兰克福大学董事会回了封信,感谢大学给予他这么高的荣誉,而后表达了他深化北京与法兰克福之间联系的愿望。[2] 其间,法兰克福大学方面仍在继续推动事情的进展。1923 年 3 月 5 日的董事会纪要中记道:

> 经国家同意,我校可以接受该位未具名女士的捐资。科学、艺术与教育部部长原则上同意把教职授予目前仍在北京的卫礼贤牧师(荣誉博士),并会向外交部通报捐资以及授予卫礼贤博士教职一事。[3]

这份记录透露的信息有助于理解卫礼贤面临的为难局面,也解释了北京公使馆解聘卫礼贤一事,公使馆只是比卫礼贤自行辞职提早了一步。不管怎样,法兰克福大学又采取了进一步的行动,于 1923 年 5 月 29 日给卫礼贤寄了一份教职委任书,但卫礼贤并未马上接受,只

---

1 参见 1922 年 11 月 23 日法兰克福大学送呈科学、艺术与教育部部长的纪要,其中提到法兰克福大学可能设立一个汉学教职。在不增加董事会额外支出的前提条件下,哲学系请求部长同意设立教职,并将其授予汉学家卫礼贤(参见法兰克福大学各系档案,Abtlg. 134, Nr. 631)。
2 同上。
3 同上。

是在1923年8月17日的日记中简短记道："电报：收到法兰克福教职委任书。"接着到该年年底，又用一种随意口气提到"信到了（法兰克福一事）"（1923年11月30日）。是卫礼贤单纯想再"拿捏"一番，还是教育部与大学的许诺中存在某种误会？如果就这件事继续查阅现有文献，则可以看到，卫礼贤在1923年底与1924年初这段时间使出了浑身解数。公务方面，他要么自己动手，要么通过他的妻子，用问询信"轰炸"了法兰克福大学（详见下文）；私谊方面，他亦利用自己与教职捐资人——弗兰肯-西尔施托普夫伯爵夫人的关系。从文献可知，伯爵夫人未准备放弃自己的匿名状态，因此派出"中间人"格奥尔格·斯瓦尔岑斯基（Georg Swarzenski）教授，由其赴文化部长处"当面"陈述。[1] 在这之前，卫礼贤与伯爵夫人之间应该有过一次通信，因为后者曾写过：

> 这几天我收到卫礼贤1月3日的信，他仍未从部里听到<u>任何消息</u>。另外他还说"收到许多德国来信"，信里说他在那儿比在这儿能做更多有利于德国的事，他应当<u>留在那儿</u>。他如今似乎正这样打算。我知道有个大人物千方百计阻挠卫礼贤的聘任。我在想，假使我们的努力失败了，头一个要感谢的就是此人。[2]

---

[1] 下方信件引文来自伯爵夫人于1924年2月3日写给斯瓦尔岑斯基的信（见法兰克福大学各系档案，Abtlg. 134, Nr. 631）。信中以及后文出现的下划线均是原文如此。

[2] 伯爵夫人虽未指名道姓，但联系后文凯泽林向卫礼贤表达的意见，可以推测这位"大人物"正是凯泽林，从中亦可一窥两位贵族之间的有趣关系。

伯爵夫人最后有些丧气地说，她本人不能再卷入这件事中，那样只会弊大于利："这世界很糟糕。我认为它常常就是个疯人院——这儿亦然。"

此外，卫礼贤与法兰克福大学之间在1924年初针对教职一事似乎有过深入的交流。在一份1924年3月5日的书函中，大学向卫礼贤详细解释了教职委任问题。不过所有迹象显示，当时双方协商的结果均未达到卫礼贤的期望，这一点从通信中即可看出，因为卫礼贤的态度始终暧昧不明。远在中国的卫礼贤被告知，捐资人承诺"负担该教职十年期限的费用"。另一则通告则有些语焉不详：哲学系认为，待十年期满后，或从同一个捐资人，或从其他地方，可以争取到同样的薪酬以保教职的延续，这不是没有希望的。也就是说，该职位只在一段较长时期内有所保障，而卫礼贤显然另有想法：使该职位成为在教育部注册的正式教授席位。然而，这个希望却被泼了冷水，德国来信说，通过教育部来授予教职委任书已有重大意义，"就像对因私人捐资而产生的教学职位进行了官方认证"。超出教职授予之外的事情，教育部无法接受，而后还通过明确的拒绝和对卫礼贤的胁迫在这件事上施加更多的压力："继续提出其他愿望只会增加协商的难度，既不会促成捐资教职席位的设立，也不会使其他职位得以实现。"信中最后说，哲学系会授予该教职合适的荣誉称号，若卫礼贤接受该教职，他们会申请授其以荣誉教授的称号。[1] 卫美懿亦于

---

1 参见法兰克福大学各系档案，**Abtlg. 134, Nr. 631**。

1924年春赶到法兰克福大学，询问教职是否最终确定授予卫礼贤，同时卫礼贤则与北京大学展开洽谈，不想最后落得两手空空。法兰克福大学于1924年5月21日告知卫美懿，一年前他们即已把教职授予她的丈夫，而这一决定依然有效。¹1924年初夏，卫礼贤下定决心去法兰克福大学，而后，德国方面的教育部亦为他完成了最后的手续，允其1924年10月1日开始入职：教育部同意卫礼贤"除大课酬金以外，还可享受与正式教授相等的工资报酬"²。大学在1924年7月1日对之又做了具体规定：

> 根据哲学系的申请，部长先生在保留其撤销之权利的前提下，委任现居北京的卫礼贤牧师（荣誉博士）入职我校哲学系讲授中国学与中国研究，并视情况需要开展相关实践活动，该委任自1924年冬季学期生效，首次期限为五年。³

建立研究所与聘任卫礼贤一事虽说最后结局圆满，但不能不看到这件事从一开始所遭到的强大反对。正如前文所述，弗兰肯-西尔施托普夫伯爵夫人早在20世纪20年代初即有建立中国研究所的想法，但她一开始不想打出自己名号，便请法兰克福施特德尔艺术学院

---

1 参见法兰克福大学各系档案，Abtlg. 134, Nr. 631。卫礼贤在1924年4月22日同时给法兰克福大学哲学系主任写了封信，报告了他与北京大学之间的洽谈。同一时间还提到他必须在1924年6月15日前做出决定。

2 参见普鲁士科学、艺术与教育部部长于1924年6月23日发给法兰克福大学哲学系的书函（参见法兰克福大学各系档案，Abtlg. 134, Nr. 631）。

3 参见法兰克福大学各系档案，Abtlg. 134, Nr. 631。

(Senckenbergmuseum)[1]院长斯瓦尔岑斯基教授作为中间人与文化部协商（参见法兰克福大学档案馆的相关文献）。但显然，卫礼贤这一时期的朋友中，并非人人赞同他返回德国，这其中即有坚决反对的凯泽林，他似乎认为卫礼贤留在中国有助于某种更伟大之使命的实现。他很明显已经知晓卫礼贤失去了北京公使馆的职位。他在一封写给卫礼贤的信里说：

> 我在这儿听说您的薪水停发，于是马上亲自联系了各个政要以及外交部。可惜<u>什么</u>也做不了，我必须承认，他们给出的理由难以反驳。因此，我急切地请求您，为了所有那些重要的和神圣的利益，<u>从中国方面谋个职务</u>——中国人毫无疑问会乐意保障您的生活，<u>只是不要接受这边法兰克福的聘任</u>。首先，德国面临着至少三年的混乱，用不了多久您就会完全丧失在这里的生存基础——比如法兰克福大学会关闭。但在中国，最重要的是您具有一种人类意义，原因恰恰在于您的德国视角，而非这里，这里从一开始就对您做了天大的错误安排。这里没有任何重要的东西值得您去渴求或着手去干，除了短期地当个客人。请您不要被这里多愁善感的考量迷惑——<u>我知道自己在说什么</u>。（……）真遗憾，当时您没有接受我在荷兰为您争取的资助。如今我无法直接为您做什么了，因为我自己与智慧学院都已身无分文。[2]

---

[1] 施特德尔艺术学院成立于1815年，是德国首家文化基金机构。格奥尔格·斯瓦尔岑斯基于1906年被任命为学院院长，1938年全家流亡美国。

[2] 参见凯泽林1923年11月18日写给卫礼贤的信（BayAdW, N1 R. Wilhelm II/258+259）。所有下划线均摘自信件原文。

不久之后，凯泽林又详谈了一番他的想法，他在信中写道，他在斯图加特与卫礼贤的夫人有过一次谈话，向她说明了"（……）我从自己对整个情况的看法出发觉得您所应努力追求的"。凯泽林还写道：

> 我这么直接跟您说吧，我深信，如果您只把中国——这个您命定的地方——当作您的生活中心，您的生命会一年年变得意义非凡。新开启的时代又是一个属于异乡人与迁徙者的时代。所有新的文化无一不是由异乡人开创的。正如罗曼·恩琴（Roman Ungern）重新唤醒了蒙古人的心灵，您毕生之使命就是在精神之中国达成同样之功。[1]

三　永别了，中国（1924年秋）

1924年7月初，卫礼贤与莉泽尔·巴尔一道离开北京，踏上了返德之途。两人先是到山东省爬了泰山，而后到青岛，与早年的朋友及学生有过一次欢聚，最后搭船到达上海，再转香港，于1924年7月26日到达马尼拉，又经过几周的海上航行，终于抵达欧洲海岸，而后在斯奇丹与鹿特丹停留了较长时间，卫礼贤在日记中提到参观当地的艺术博物馆（1924年9月8日与10日）。

---

[1] 参见凯泽林1924年1月1日的信。

卫礼贤先在柏林与斯图加特稍作停留，与家人重聚，而后于1924年10月抵达法兰克福。他和家人一同搬进了莱尔斯纳大街4号的新公寓。卫礼贤在大学里的授课亦宣告开始，11月初的首轮讲课内容是中国哲学与艺术。

卫美懿在书中写到，卫礼贤受到了哲学系同仁友好而诚挚的热烈欢迎。卫礼贤在法兰克福重遇了古典语文学家瓦尔特·奥托（Walter Otto，1874—1949），两人是一同在图宾根求学时相识的。卫礼贤的交际圈还包括艺术历史学家鲁道夫·考奇（Rudolf Kautzsch，1868—1949），他哥哥跟卫礼贤在中国交好，此外还有印欧日耳曼学家隆梅尔（H. Lommel）、古典语文学家卡尔·赖因哈特（Karl L. Reinhardt，1886—1958）、阿拉伯语文学家约瑟夫·霍罗威茨（Josef Horovitz，1874—1931）、莱奥·弗罗贝纽斯（Leo Frobenius，1873—1938）以及后来的马克斯·舍勒（Max Scheler，1874—1928）。与其他专业系之间，卫礼贤同样建立起联系，比如与心理学家阿德赫马·格尔布（Adhémar Gelb，1874—1936）以及森肯贝格博物馆馆长弗里茨·德雷福曼（Fritz Drevermann，1875—1932）。[1] 这些人有的会在卫礼贤后来的生活与作品中一再出现，但在此提及的人中，不是每一个都将扮演重要角色；而有些将扮演重要角色的人亦未在此提及，其中有一个重要人物，虽非作为卫礼贤的同事出现，但值得进一步深入考察。

---

1 参见《卫礼贤》，第311页。

赫尔曼·凯泽林伯爵

卫礼贤回德国后，第一拨发来问候的人中即有凯泽林伯爵，这一点可见于 1924 年 9 月 13 日的一封信。[1] 凯泽林欢迎卫礼贤回到德国，且明显试图让他加入"智慧学院"。他不再提什么留在中国的建议，而是更多地强调卫礼贤返回德国的益处：

> 您自己在北京创办的智慧学院看来没能存活下来。我们办的学院目前蒸蒸日上，如今我可以确定地说，再过几年它亦将在规模上成为一个对世界具有促动作用的地方。因此，我觉得我们在德国继续共同合作是很有意义的。您正好在法兰克福，可说是冥冥之中注定的机缘。

之后，凯泽林还向卫礼贤发出了一个对当时的他而言特别具有吸引力的提议，即一年开设三次讲课活动，每次活动酬劳 500 金马克。[2] 对凯泽林而言，开办讲座是缓解他自身财政紧张的重要收入来源之一[3]；对卫礼贤而言，这些讲座同样极具意义，只有借助讲座的收入，他才可能稍微减轻自己对教职捐资人的经济依赖。于是事情看上去就成了凯泽林当时转而争取卫礼贤，而卫礼贤则欣然接受之。

---

1 参见 BayAdW, N1 R. Wilhelm II/258+259。
2 从一封 1924 年 9 月 22 日的信可知，卫礼贤似乎接受了这个提议。
3 参见加尔特：《赫尔曼·凯泽林伯爵的生平与作品》，第 260 页。

维系卫礼贤与凯泽林之关系的基点是创办于 1920 年的"智慧学院"。[1] 早在 1921 年，卫礼贤即在此结识了一些对其未来发展影响重大的人物，比如泰戈尔和西尔施托普夫伯爵夫人。还有一个人，最初虽与卫礼贤没有持续深入的交往（至少根据卫礼贤的日记可作如是判断），但在"智慧学院"以及后来的中国研究所均扮演了重要角色，并在卫礼贤去世后担任了中国研究所的所长，因而需在此提及的是哲学家及学者埃尔温·鲁塞尔（Erwin Rousselle，1890—1949）[2]。自 1925 年起，卫礼贤仍会参加"智慧学院"举

---

[1] 尽管凯泽林把学院首创之功完全归于他的资助人黑森及莱茵大公恩斯特·路德维希（Ernst Ludwig）以及出版商奥托·赖希尔（Otto Reichl, 1877—1954），但他当然自有打算。凯泽林感受到了身处危机与普遍不安之时代的人们对于新的精神价值的渴求。1919 年 11 月，"自由哲学协会"先是得以建立，其任务在于创办一个精神中心，即"智慧学院"，并通过会员缴费以及捐资来维持与发展。参见加尔特：《赫尔曼·凯泽林伯爵的生平与作品》，第 339—340 页。不过，开办学院的想法由来已久：出版商奥托·赖希尔于 1910 年便注意到凯泽林的写作，并于 1911 年从后者得到一篇文章，编入一本关于世界观的文集。1918 年夏，在黑森及莱茵大公恩斯特·路德维希的邀请下，赖希尔把出版社由柏林迁至达姆施塔特。1919 年，赖希尔与当时流亡德国、暂居在俾斯麦侯爵夫人处的凯泽林重新取得联系，并说服后者一同合作编辑 1911 年那套文集的续集。文集之目标在于厘清在德国具有根本作用的此在论问题，并助力文化重建。双方还谈论了一种哲学家园地形式的合作可能。赖希尔建议凯泽林移居达姆施塔特，方便在原大公的庇护与支持下创办一个学院。参见乌特·加林斯：《赫尔曼·凯泽林伯爵传记》，达姆施塔特：尤斯图斯·冯·李比希出版社，1996 年，第 121—124 页。

[2] 埃尔温·鲁塞尔的中文名为鲁雅文（译者注）。鲁塞尔加入"智慧学院"后成为了凯泽林的亲密同事，他是学院在达姆施塔特聘用的第一个，也是唯一一个固定教师。鲁塞尔与凯泽林一道推广所谓的 Exerzitien（大意指宗教中的集体共修），同时在接收学院新成员时参与面谈。鲁塞尔之引人注目，起先大约是因其对宗教与哲学问题的兴趣以及非比寻常的语言天赋。他学习了阿拉伯语、叙利亚语、希伯来语、汉语、满语、土耳其语等，是哲学与法学博士。1921 至 1923 年，他在达姆施塔特生活，为"智慧学院"授课。1923 年起，他入职达姆施塔特工业大学。1924 至 1929 年，他在北京获得了一个德国哲学教授的职位，同时在清华大学做比较语言学客座教授，且是燕京大学中印研究所的负责人。卫礼贤去世后，他成为法兰克福大学中国研究所所长，并接手杂志《中国》（Sinica）的出版与编辑事宜。纳粹时期，他被取消教授资格，1942 年被迫放弃中国研究所的领导权，1943 年起被禁止演讲与出版。参见加林斯：《赫尔曼·凯泽林伯爵传记》，第 133 页、第 150—151 页；参见哈特穆特·瓦尔拉芬斯（Hartmut Walravens）：《埃尔温·鲁塞尔（1890 年 4 月 8 日生于哈瑙市—1949 年 6 月 11 日卒于埃申洛赫镇）：生平与作品》，载《华裔学志》（Monumenta Serica）XLI, 1993 年，第 283—298 页。

办的活动，在这些活动上，他重拾旧友，结交新知。不过也正是在这一时期，即20世纪20年代中期，卫礼贤对凯泽林及其精神中心的兴趣第一次出现消退，原因可能在于凯泽林的个性对学院的强势把控，他从一开始似乎就拒绝对学院的性质与结构做出清晰的界定。于是，很多人口头上愿大力投身学院之事业，最终也不过是口头之诺，比如托马斯·曼，他尽管总是激情四溢地为学院辩护，却从未在学院的会议或活动上出现过哪怕一回。[1]1926年，学院自创办以来第一次没有召开会议；1927年，重开会议；而后要到1930年，为庆祝学院成立十周年才又办过一次大会。其他时间，只有1928年与1930年举办过几次教学会议，另外1931年、1934年以及1935年在西班牙亦办过教学会议。[2]

在凯泽林看来，卫礼贤在"智慧学院"的会议中起着中国专家的角色作用，而从两者的通信可以看出，伯爵对卫礼贤的到来不由自主地怀着某些极其特别的愿望。卫礼贤是如何处理这一情况的，我们不得而知，但他对凯泽林极富幻象的愿景似乎并非毫无异议。凯泽林的打算听起来或许很具体，但他好像从不曾真正地具备那种从内容上恰当地充实其打算的能力。他一而再地狂热醉心于他的世界改善计划，却从来提不出确切的标准。他始终只求笼统，偏爱不确定的、空泛的形式，以至于他的想法最后只不过是一幅模糊的图景。[3]凯泽林不看重通过书籍与言谈来实现明白可控的革新，而更多地受控于一种设想，即首先通过富于活

---

1 参见加林斯：《赫尔曼·凯泽林伯爵传记》，第130—131页。
2 参见加尔特：《赫尔曼·凯泽林伯爵的生平与作品》，第276页。
3 同上书，第391页。

力之个性的显现使之启动,并通过个性的绽放施以影响。[1] 凯泽林的想法与态度并不利于扩大学院的广泛影响。相反,凯泽林和学院看起来首先更在意的是引起一部分特定人群的兴趣,因为对学院的普遍好评显然无处可寻。虽然有一些人是出于真诚的兴趣来到达姆施塔特,但学院的活动整体上带着某种社会性事件的色彩。[2] 谁若希求在此收获一些学术性的东西,收获的更可能是失望,因为听众的组成成分必然要被着重考虑。阿尔弗雷德·博克(Alfred Bock,1859—1932)曾在日记中写道:

> 如果客观地粗看会议中所呈现的一切,那么必须得说,大部分听众,尤其是女性听众的水平显然不足以吸收会上所谈论的各类内容。在冗余反复、与讲座重点完全无涉的谈论中,当然不会有人承认这一点。观众中的各色人等可谓千差万别,其中贵族占优。那儿可以遇到非常可爱友好的人。[3]

对凯泽林持强烈保留态度的首先当属大学学术圈,凯泽林被认为是个业余哲学家。[4] 这一评价对凯泽林而言其实根本无关紧要,因其借助智慧学院所反对的恰恰是"学术的"教学与研究。相反,卫礼贤谋求的却是与大学及其同仁们协同并作,对他而言,这样的保留态度极有可能暗

---

1 参见加尔特:《赫尔曼·凯泽林伯爵的生平与作品》,第258—259页。
2 参见同上书,第266页。
3 参见同上书,第267—268页。汉斯·杜里舒在回忆录中亦表达过类似看法,参见同上书,第268—269页。
4 参见加林斯:《赫尔曼·凯泽林伯爵传记》,第131—132页。

藏危险。这危险也确实发生了：1926年，法兰克福大学有人反对聘任卫礼贤，其背景恰好是卫礼贤加入凯泽林的学院（详见下文）。

凯泽林与智慧学院虽然聚拢了一批追随者，却也激起了批评与怀疑，这一点与伯爵本人的挑剔性格不无关联。有研究表明，凯泽林"（……）当属德国思想史上最为奇特与任性的人物之一，总是独来独往，且必须如此，因此他必然只被视作他那个时代的典型孩子，而他也的确是个孩子，哪怕他所思所想的是文化没落所引发的问题"[1]。他与卫礼贤之间的冲突很可能亦发端于凯泽林的自我中心：他写给卫礼贤的信中，不缺的正是自以为是的说教腔调。他在自己的自我认知中是个"世界智者"，自觉高人一等。不消多久，凯泽林就能让人觉得他狂妄自大。[2]

卫礼贤一开始忽略了凯泽林性格中难搞的一面，或者对之根本毫不在意。两人的关系最初越来越紧密，1925年初甚至有私人信件往来。凯泽林邀请卫礼贤参加他妻子的生日宴会，这是前所未有的亲近标志：卫礼贤被看作私人生活中的一个重要人物。当收到卫礼贤因工作关系无法前来参加生日庆典的回信后，凯泽林以深有同感的口吻回信道：

> 您当然得去柏林，但是真遗憾啊，我们的宴会够腐败。要是我能说了算，我更情愿把它取消，在我个人看来，晚宴毫无意义。但上帝保佑，这您可不能告诉别人，弗罗贝纽斯必须来，而我已经绝

---

[1] 参见加尔特：《赫尔曼·凯泽林伯爵的生平与作品》，第392页。

[2] 这一点在凯泽林与奥斯瓦尔德·斯宾格勒（Oswald A. G. Spengler, 1880—1936）的通信中同样可见。参见同上书，第263—265页。

望透顶的妻子不能再失望了。她对这次宴会兴致极高。[1]

然而,正是凯泽林这种过分热情之辞,使得他对卫礼贤到底怀有多深的好感始终无法变得明晰,因为最后随之而来的是希望让卫礼贤参与自己的计划。从1925年3月起,凯泽林在给卫礼贤的信中一再提及一个与婚姻有关的著书计划。他请卫礼贤也写点文章,但他又不停地给卫礼贤详细说明他对文章的构想。[2] 在卫礼贤与凯泽林的关系或许最为紧密深厚之际(至少在凯泽林看来),凯泽林的书信中几乎包含着某些恳求之意。比如1925年6月,预知卫礼贤要来拜访,凯泽林便不断地央他快来:

> 请您快来吧。我需要与您畅谈一番。过去几个月,太多的灾难一下子加在我身上:我母亲去世,我妻子的财产尽失,所有存款因一个不忠的朋友又遭丧失,今日又来消息,爱沙尼亚政府没收了我的图书馆以及其他剩余的固定资产。(……)不过,尽管我感到如此绝望,我觉得这一切都无非是命——某种"死而复生"意义上的命,去年我的思想对此仍持拒绝态度——我很乐意跟您畅谈一番这

---

[1] 参见1925年3月1日的信。

[2] 参见1925年5月21日的信。凯泽林在信中写道:"如果9月1日之前能收到您的文章,我当然很感激。请您谈一谈最深邃的中国婚姻思想吧,尤其是在中国被描述为典范姻缘的。至于实际情况本身以及对之的批评无关紧要。就整个作品而言,我特别看重的一方面是突出婚姻之为一种无所不包的情境,另一方面是中国人高度熟知的共同生活之艺术(比如它是如何体现在教育孩子这件事上,教育中,确保父子双方处于良好关系的是不让父亲施展教育与惩罚)。"

些。也许您对这些亦曾有过思索？ [1]

这封信中，尽管凯泽林方面同样缺少了某种暖意，但他面对卫礼贤完全敞开了心怀。几个月后，这两个男人之间的关系竟会急剧转冷，着实令人吃惊。冲突的导火索是凯泽林请求卫礼贤在弗罗贝纽斯一事中充当中间人，后者为关于婚姻的那本书写了篇备受凯泽林赞誉的文章，却因文章稿费之事向出版商坎普曼提出了难以满足的要求。一心想从中脱身的凯泽林请卫礼贤劝说弗罗贝纽斯。[2] 卫礼贤估计没花几天就把这件事了结了，因为凯泽林于1925年11月30日写信给卫礼贤时，明显是在收到弗罗贝纽斯的信之后："弗罗贝纽斯今天的信很有魅力，我从中看出您已经让他恢复了理智，我对您深表谢意。希望来年春天，您与无可替代的荣格之间能有同样的成功。"然而几周之后，坎普曼一事再起波澜，而这一次卫礼贤自己成了起事者。他估计说了坎普曼的坏话，把稿酬寄了回去。[3] 凯泽林则为坎普曼做辩护，并请卫礼贤注意他的批评是怎么形成的：

---

[1] 参见凯泽林1925年6月12日的信。凯泽林的夫人格德拉·凯泽林（Goedela Keyserling）紧接着于1925年6月13日写了封信给卫礼贤，信中再次迫切请他早日到来，并指明他的来访对她的丈夫意义重大。

[2] 参见凯泽林1926年11月26日写给卫礼贤的信。凯泽林汇编的《婚姻之书——来自时代先锋的崭新阐述》（译者暂译）出版于1925年，其中载有卫礼贤的文章《中国的婚姻》，此外还有托马斯·曼、丽卡达·胡赫（Ricarda Huch）、泰戈尔、荣格等人的文章。

[3] 参见卫礼贤《1925年与1926年日记本》（笔记本封面做了如此标识，但日记其实记到1927年2月）中1926年1月8日日记，其中记道："凯泽林与坎普曼来信。拟了回信给坎普曼。凯泽林出于'公平'把我对旅费的恼怒告诉了坎普曼。坎普曼寄来了钱，我寄了回去。"（BayAdW, N1 R. Wilhelm II/56）

(……)您会原谅我对您说这些,您是知道我有多看重您、多喜爱您的。您认为自己是个好人,但您不自觉给人留下的印象却往往相反,因为面对欧洲人,忍耐的方式不是总会管用,这种方式不符合欧洲之"要义"。(……)您如今有着超然智者的声望,<u>于是乎</u>,您任何温和的批评都比我最尖锐的言辞更显沉重! [1]

过了几日,事情进一步恶化。凯泽林1926年1月12日的信被标注了"口授、私密"(该信是两人通信中篇幅最长的信件之一,用打字机写了两页半纸)。显然,卫礼贤感觉凯泽林在其与出版商的关系一事上欺骗了他。就出版商一事做了几回解释后,凯泽林变得刻薄,直接抨击起卫礼贤:

(……)第二,我必须明确否认,这些将来或许忘得一干二净的话是亲朋好友之间会说的话,而如果我可以把您来信中的某处段落理解为对我的不信任——我不希望如此,那么我必须以最坚决的果断将其看作直接的侮辱加以拒绝。情况在于,您内向的性情使您难以恰当地了解您所说的话对其他人到底意味着什么。(……)他们真的不需要向我阐明您品性中的诸多优点。我或许是最早坚决地关注您个人之价值的那个人。(……)您如今这般做

---

[1] 参见凯泽林1926年1月7日的信。

法,搞得我好像不敬重您,让我觉得不大公平。(……)人的<u>追求</u>是衡量人类价值的唯一尺度。这种追求让我许多巨大的过错略显高贵,我对这些过错抱有的幻想远少于我的大部分朋友。而这次事情,我觉得客观而言,您这一方是有做法上的错误的,<u>这无损您与神之间的个人联系</u>。在我看来,根本就不存在什么辩护问题——因为我从未发起过辩护,而只有如何在未来做得更好的问题。不管您在西方哪里生活,很可惜无法避免地需要顾及西方的其他秉性,它在我们这片俗行遍布之地无条件地占据着绝对优势,正如东方的秉性在尽量无为之国的地位一样。因为我知道,这对您的本性而言是很大的困扰,所以我之前那么顾虑重重地反对您返居欧洲。

凯泽林为他在坎普曼一事中的举措再次辩护:

这种秘密通知的事情我<u>绝对不</u>会再干。但只要所涉之事会使得我高度敬重的人遭到损害,我作为绅士就有义务减小这种损害。坎普曼这件事中,但凡取决于我的,我就是这么做的,而且未给您个人带来任何损伤。直到您把钱寄回给他那一刻为止,坎普曼都只是感到对您深有亏欠。我建议,就让今天这封信结束我们关于这整件麻烦事的通信吧。您若因此事迁怒于我,这种无理之举我是完全不能接受的,而我似有<u>更多</u>理由从您的书信里得出一些负面结论,当然我不会那么做。

卫礼贤因凯泽林的抨击一定深感受伤,尤其当他发现凯泽林面对第三者时也毫不讳言其对卫礼贤的看法,而且明显在寻找同盟者反对卫礼贤。卫礼贤对此的记录很少出现在日记中,但仍有一处清楚地表明他的感受:

> 凯泽林伯爵来信,他试图巧妙地在我们中间制造距离。伯爵夫人因信中对她的赞美而光顾高兴,没有看出其中的真正意图。我被说成了软弱、封闭与危险之人。[1]

自此以后,两人之间的通信越来越少。[2] 直到1929年圣诞节期间,即卫礼贤去世前不久,才出现一封篇幅较长的信,信中谈到了私人事务。信的开头("我真高兴从哈登贝格伯爵那儿得知您的健康状况有所好转")清楚地表明,凯泽林与卫礼贤之间在很长一段时期内毫无联系。凯泽林对卫礼贤的病因又做了番推测:

> 您一定经受了很多可怕的东西。但我必须得说,我对您的累垮并不吃惊:这是您最本真的本性与您在这儿不得不过的生活之间互不相容所欠下的账,如今找您索要来了。

---

1 参见《1925年与1926年日记本》中1926年1月4日的日记。
2 编号76的文稿是1927年12月15日的一封简短电报,之后是1927年12月的一封标识着"私密口授"的信,涉及出版事务。

实际上，凯泽林还邀请卫礼贤再次去拜访他，不过鉴于卫礼贤的身体状况，当然未能成行。

四 创办中国研究所
以及卫礼贤在大学的地位（1925年与1926年）

卫礼贤从中国返德后迅速适应了学术研究的繁忙。1924年11月24日，普鲁士总理府任命他为法兰克福大学哲学系荣誉教授。[1]他的生活很快变得井然有序，并在之后的岁月中持之如斯。这一时期首先最引人注目的是，卫礼贤除了大学里的正常授课之外，很早就在其他教育机构开展各种各样的讲座活动。[2]卫礼贤逐渐进入一种四处奔波，甚至疲于奔命的状态，尽管一眼看上去这显得令人奇怪，却有着可以理解的理由。翻阅卫礼贤的日记，便可看到他做这些劳心费力的长途旅行，并非出于单纯的兴趣，亦非因为他有意担当"使者"（这一点有时也可能是动因之一，不可完全否定），而更多是讲座酬金的缘故。也许正是为了酬金，卫礼贤接受了凯泽林在1925年10月与11月筹划的远途旅行，先后前往柏林、但泽、索波特、哈尔伯施塔特、韦尼格

---

1 参见法兰克福大学档案馆之校长档案，Abtlg. 4，Nr.1840。
2 卫礼贤返德后，其日记中有迹可循的关于讲座的最早记录是1925年2月3日参加法兰克福的一个活动："在民众培训之家讲课，关于中国文化的基本原理。"参见《1925年日常记录》（BayAdW, N1 R. Wilhelm II/55），其中主要记录1925年上半年事务。

罗德以及戈斯拉尔。[1] 这个时期，卫礼贤同样开展了许多汉学研究工作，其中尤为重要的即《中国艺术与科学学报》(Chinesische Blätter für Kunst und Wissenschaft)，首册问世于1925年。[2] 私人方面，卫礼贤越来越多地受到西尔施托普夫伯爵夫人的倚重，这在卫礼贤返德后没多久便早有端倪。不过卫礼贤在履行了面向伯爵夫人的私人义务后，并未忘怀自身的工作。他会定期前往埃尔特维勒镇探望自感诸种不适的伯爵夫人，其他时候则会给自己留足时间，致力于自己的学术工作。[3]

临近1925年年末，最显赫的事当属11月14日与15日中国研究所在法兰克福的成立，为此最应着重感谢的是"西尔施托普夫伯爵夫人的干劲与经费支持"（卫美懿语）。研究所主席团有3人：赫尔曼·冯·帕萨范特（Hermann von Passavant）管财务，格奥尔格·斯瓦尔岑斯基做主席，卫礼贤负责记录。核心小组的外围另有9位女士与先生，再外围则是50人左右的监察团。[4] 研究所一事中，有两件事情最是有趣。当卫美懿在1928年做出如下评判时——"涉及中国研究所的各类计划中，卫礼贤尤为操心的是从官方渠道争取足够的资金，以避免对私人慈善的

---

[1] 参见《1925年与1926年日记本》中1925年10月18日日记："克勒维茨博士仍把酬金塞我手里，然后放我走了。"或者1925年10月24日："西本弗罗因德寄来宾客留言簿和酬金（400马克，含旅费）。"

[2] 1927年由杂志《中国》取代。

[3] 参见《1925年日常记录》中1925年1月16日日记："饭后写中国之书。后又赴伯爵夫人处。晚间写中国之书、写信。"

[4] 参见《卫礼贤》，第325—326页。

单一依赖"[1]，她所意指的并非研究所成立的那一刻，却道出了对1925年这一整年的概述。她的评判很到位地传达出卫礼贤在资金问题上一再面临的压力困境：一方面，他急需将研究所建立起来，并维持日常费用支出；另一方面，他又不满于自己对伯爵夫人的巨大依赖。此外，他还需要向法兰克福市政府以及大学提交对中国研究所的认证申请。[2] 与之相伴的还有搬入独立办公处所、翻新装修办公地等杂难事务。这些难题要到1926年7月才得以尽数解决，相应月份的日记亦令人感到某种轻松感，让人看到研究所终于做好投入工作、招聘员工的准备。不过，一俟进入研究所秋季大会的筹备阶段，其中涉及各类讲座、展览以及戏剧表演，压力再次复发。大会本身便已然意味着巨大的负担。[3]

不过开会之前，还有好些大费周章的时日，因为首先要征得伯爵夫人的最终同意。从卫礼贤的日记里可知，这可不是简单的冒险。日记显示，伯爵夫人可能经常或多或少地试图通过捐资教职一事直接向卫礼贤施压（或曰换取他的同情）。由此，卫礼贤面对大学时便陷入了非常艰

---

1 参见《卫礼贤》，第354页。
2 参见《1925年与1926年日记本》中1926年2月1日日记。
3 参见《教义》，《法兰克福报周末增刊》1926年10月24日报道。秋季大会期间，卫礼贤在日记中谈到大会时所用的语言极其私人化，可以看出他面对着由研究所资助人与中国爱好者组成的艰难局面所承受的压力。他一再谈到大会的气氛，可见其敏感，最后也显示出他身处周遭环境时的脆弱。此处仅举几例：1926年10月25日，"晚上大会开幕，齐聚在罗马广场（……）"；1926年10月28日晚上，中式戏剧表演结束后的气氛非常紧张，卫礼贤记道："戏后与（无法辨识）及胡适去小俱乐部。坐在公爵夫人邻桌。对面是凯泽林，怒气冲冲。一脸的不满与怒意，没有吃的，什么也没有，房间亦小得可怜。伯爵夫人还领我去了黑森饭店。在那儿的谈话相当不快。"两天后，即1926年10月30日："十一点半伯爵夫人接我到小岛上。细谈了最后一晚的失败。"

难的处境。日记显示，1926年4月底5月初，卫礼贤与伯爵夫人之间产生了巨大分歧，问题即在于伯爵夫人对教职的担保。她曾答应签字，接着却又反悔。在与大学的协商过程中，卫礼贤明显只处于边缘，而伯爵夫人突然提出了新要求：

> 伯爵夫人就教职资助一事与大学做了协商，想让大学做出各种让步作为其"出资"的补偿，但当大学请其说定具体金额时，她又打了退堂鼓。总体上情况很尴尬。我所给予的那种友情被视作是不充分的，遭到拒绝。因感激而生的个人义务感。找到一种让人满意的模式真难。[1]

除了上述这些关乎中国研究所之存亡的问题，卫礼贤在大学里的地位以及与同事间的关系也在这段时期中日益凸显出重要性。前文引述卫美懿的话，言及卫礼贤受到哲学系同仁友好而诚挚的热烈欢迎，却忽视了卫礼贤在大学里可能遭遇的阻力。尽管他从不曾明确谈及此事，但可以推知，他或许从未停止过最终成为正式教授的追求。他作为中国专家的地位，在亲密的汉学同事圈子以外（他往往被视为翻译者，而不是学者）并非无可争议。由于当时卫礼贤"仅仅"获得了荣誉上的"高级学术职称"，他对正式教授席位的争取便尤显艰难。当此事在1926年与1927年之交终于提上日程时，一个反对他的阵线就快速成型。1926年

---

[1] 参见《1925年与1926年日记本》中1926年10月10日日记。

11月底,法兰克福大学哲学系向科学、艺术与教育部提交申请,"任命荣誉教授卫礼贤博士为正式汉学教授"[1]。卫礼贤一位未具名的同事,作为专家出现在申请的评语中,他说卫礼贤是"一位出色的中国现代与古典语言文学行家",居留中国二十余年,对中国文化的了解全面而彻底;之后,卫礼贤推广汉学研究成果的功劳亦受到肯定;最后,该专家还提到其他汉学家同样可以证实他上述的评价,"尽管他的研究方式有所争议,但他的批评者也明确承认,他有资格获得正式教授席位"[2]。专业资格一事仍未落定,同一时间便出现反对卫礼贤之任命的声音。在哲学系提交任命申请的同一天,三名教授,即古代历史学家马蒂亚斯·格尔策(Matthias Gelzer,1886—1974)、近代历史学家及后来的校长瓦尔特·普拉茨霍夫(Walter Platzhoff,1881—1969)以及古典考古学家汉斯·施拉德尔(Hans Schrader,1869—1948),给教育部写了封信,强调他们不能附议哲学系的申请。[3] 他们的理由——并非毫无根据——有法律原则作依据。教授们指出,如果在哲学系不知情(如卫礼贤一事)的情况下,达成某种有利于特定某人的资助协议,并在协议中附加诸如要求哲学系事后补交任命申请的条款,那么德国大学诸系的基本法则(即向教育部递交关于如何分配教授席位的建议)将变作一纸空文。然而,若是考虑到卫礼贤与达姆施塔特"智慧学院"过从甚密,考虑到一年前中国研究所开幕致辞中有几段话表明中国研究所与哲学系在各自目标

---

1 参见法兰克福大学档案馆1926年11月22日的文献,Abt. 134,Nr. 631,第7页。
2 同上。
3 同上书,第8页。

方面的天壤之别，那么教授们的举证无非是服务于真正目的的一个工具，而他们的目的最后亦清楚大白："基于该理由，签名者一致认为以下事宜是合适的，即大学与中国研究所之间应当保持那种借由研究所负责人的荣誉教授身份所明示的距离。"[1] 但是三名教授无法阻止更高当局的决定。1927 年 3 月 12 日部长公告，"同意自 1927 年 4 月 1 日起在法兰克福大学哲学系设立一个中国学与中国研究正式教授席位（未来可取消）"[2]。

卫礼贤在日记中最频繁提及，且同属凯泽林交际圈[3] 的同事当属非洲研究者莱奥·弗罗贝纽斯[4]，后者几乎跟卫礼贤同时进入法兰克福大学工作。[5] 两人在专业上尽管没有争执，却很早就陷入一种竞争关系中，可能跟大学的资源分配有关。卫礼贤在 1926 年初的日记中多次抱怨弗罗贝

---

[1] 参见法兰克福大学档案馆 1926 年 11 月 22 日的文献，Abt. 134, Nr. 631, 第 9 页。

[2] 参见法兰克福大学档案馆校长档案，Abtl. 4, Nr. 1840, 第 25 页。

[3] 两人亦是其他一些知识分子团体的共同成员，弗罗贝纽斯还将卫礼贤引介进诗人斯特凡·格奥尔格（Stefan George, 1868—1933）的圈子。参见洛伊特纳：《汉学争论：卫礼贤在魏玛共和国的文化批评及学术立场》，第 53 页。

[4] 弗罗贝纽斯亦参加"智慧学院"的会议及活动，在一些关于这些活动的后期记录中可以找到几处关于弗罗贝纽斯的评价，并留给人一种印象，似乎弗罗贝纽斯与凯泽林、卫礼贤构成了一种"一体三头"的关系，例如："（……）总是弗罗贝纽斯，始终开放如同一本打开的书，但这本书会因情境不同而（……）展示不同内容。他的报告是一件完整的艺术品，最细微处都完美无瑕"（参见"达姆施塔特自由哲学协会第八次大会"纪要，载《方舟》(Die Arche) Ⅲ, 1927 年 5 月 30 日，第 3—4 页）。

[5] 弗罗贝纽斯有时被认为是自学成才者，他的全部研究热情在于没有文字的非洲民族如何实现文化表达。他第一次去刚果开展科研旅行是在 1904 年，后来还去过苏丹、北非以及东北非。在法兰克福大学任职期间，弗罗贝纽斯组织了五次旅行，前往撒哈拉沙漠与南部非洲。法兰克福市政府于 1925 年以 27 万德国马克购买了他的私人"非洲档案"，其中包含四百余部小说与童话，从而为法兰克福大学开展非洲研究奠定了基础。

纽斯对他耍诡计，而系里的同事们则想方设法调解两人间的关系。[1] 公平地说，弗罗贝纽斯因讲话坦率，不光与卫礼贤，也与其他许多同事冲突不断。[2] 一年后，即1927年春，又发生了一次事件。在卫礼贤的通信遗稿中可以找到弗罗贝纽斯的一封言辞锋利的信，弗罗贝纽斯在信中尖酸地抱怨卫礼贤在分配办公室时欺骗了他，而且卫礼贤对于他以前用非洲研究所的办公室帮其脱离窘境一事缺乏足够的重视。[3] 作为一个性格冲动之人，弗罗贝纽斯并不乐于遮掩自己的看法，批起人来很快就过头（"连您秘书擤鼻涕以及舒尔茨与莱曼公司图书目录这种鸡毛蒜皮的小事都出现在您的中国通告中，而您却只字未提非洲档案与文化形态研究所的帮助，我对此无比震惊"）。弗罗贝纽斯在信中的话有多尖刻、有多拒人千里之外，那么事情解决后他的态度便有多温和。[4] 从很多方面来看，卫礼贤在法兰克福的处境都很艰难，尤其是当私人事务与研究所公务搅和到一起的时候。卫礼贤让他的家人——尤其是卫美懿，同时还有莉泽尔·巴尔——过多参与大学的事情，以至于每隔不久闹出些风波，这或许是个错误。[5]

1　参见《1925年与1926年日记本》中1926年1月27日与28日日记。
2　参见《1925年与1926年日记本》中1926年2月1日日记："但必须想办法缓和弗罗贝纽斯与同事们的尖锐对立。"
3　该信标注日期为1927年5月14日（BayAdW, N1 R. Wilhelm II/240b）。
4　参见1927年5月21日的信。
5　"值得一提的是这个月爆发了一个大危机。法兰克福人对（我的）私生活议论纷纷，尤其是跟莉泽尔的关系，还跑去告诉了伯爵夫人。凯泽林在《完满之路》（*Weg zur Vollendung*）发表了一篇烂调子文章。其他方面也有诸多不快，不过所有事情慢慢都搞清了，当然并非全都揪住不放——人得自行多多退让"（参见《1925年与1926年日记本》中1926年7月26日日记）。

那么这一时期卫礼贤的所谓私人状况到底如何？他留下的记录显示着某种不断加剧的内部紧张。1926年初他有一次谈及了分开，但可惜无法探清他想要与谁分开。[1] 可以确知的是，这期间卫礼贤的不幸在很大程度上与前文提过的伯爵夫人日益增长的要求脱不了干系。随着对日记的进一步阅读可知，西尔施托普夫伯爵夫人深入地介入了卫礼贤的私人生活，并使其处于一种巨大压力之下。

根据卫礼贤日记中的多处描写可以清楚看到，伯爵夫人大概是一个被恐惧与神经衰弱高度折磨的人。表面上看，卫礼贤当时过着舒服无忧的生活：中国研究所已然建立，有时间旅行，有机会遍览世界。比如1926年3月与4月，卫礼贤随着伯爵夫人前往南部法国与西班牙，旅行时间超过六周；同年8月与9月，又在法国、列支敦士登和瑞士整整旅行一个月。两次旅行中，卫礼贤也会办些"公务"、举办讲座或拜访同仁，不过首要的仍以休养为主：四处参观、舒适享乐。然而卫礼贤对第二次旅行似乎不很受用，他日记中的相关记录多有抵牾。所有迹象表明，伯爵夫人渴望卫礼贤成为一个令人舒服的旅伴，既能逗她开心，又可"照顾"她。卫礼贤做这些是出于友谊与同情呢，抑或其中也有一些被迫之意？在此可以做一回顾：1926年5月与10日，伯爵夫人先后两次与法兰克福大学洽谈中国研究所以及卫礼贤职位的经费保障问题。考虑到满足伯爵夫人形形色色的愿望占用了卫礼贤的个人空闲时间，卫礼贤被认为表现优良。物质上对伯爵夫人的依赖是否可能给卫礼贤带来了

---

[1] 参见《1925年与1926年日记本》中1926年2月2日日记："决定分开——下午去学院，而后电台。"

强烈的痛苦，这一点他很少谈及，但在其日记中的不同地方总能一再寻获一些暗示。[1] 伯爵夫人与卫礼贤之间的关系面临着日记中暗示的危机与冲突，却又没有破裂，近乎奇迹，而伯爵夫人在经过不愉快的旅行之后——其中显然有过多次不和谐的时刻，始终如旧继续向卫礼贤提供支持，说明她也处于一种对卫礼贤的依赖关系中。但卫礼贤不是医生，他关于伯爵夫人身体状态的描述看上去完全没有用处。女人情绪的猛烈爆发更令他精疲力竭。卫礼贤常常谈到伯爵夫人的"爆炸"与"爆发"，她每每感到被冷落时，便会如此。卫礼贤对此束手无策，可以感觉到他能为之做的少而又少。[2] 通过卫礼贤的描述，人们看到的是一个孤独、喜怒无常、自我中心的女人，她绝望地寻求关注，她自己以及她的生活都仿佛不幸至极。当卫礼贤谈起伯爵夫人的"心脏衰弱"时，这些尤显突出。[3] 卫礼

---

[1] 例如《1925年与1926年日记本》中1926年9月6日日记："气氛越来越紧张。令人不快的争吵。风景虽说无比秀丽，但对钱财好处的影射令驻足赏景谈不上丝毫振奋，于是我像约好了一般道了告别。"

[2] 参见《1925年与1926年日记本》中1926年3月10日日记："在一家海军酒吧喝茶，而后去酒店。在那是灾难（聘用西班牙女教师，紧接着爆炸）。回到别墅，我打电话又把女教师回绝了。晚上过得很累。睡得很差。孤独复孤独。或许这种孤僻也有裨益。"几天以后，即1926年3月13日，显然卫礼贤这次不是导火索："早上步行登山。工作。饭后西班牙语时间。令人非常不快的交涉，因为司机要价比说好的多。坐车去帕尔玛，跟酒店交涉，经理蛮横无理，威胁让搬走，又找台阶给我们下，犹豫不决了一会儿。晚上又爆发。"

[3] 相关记录较多，卫礼贤的口吻往往带些诙谐，参见《1925年与1926年日记本》中1926年1月9日："汽车接上伯爵夫人前往诺因基兴。一整天在诺因基兴说话和心脏衰弱。晚上做报告，关于中国文化及其世界作用，听众很多。之后与伯爵夫人待了很久。无比重要的争吵。"或1926年2月21日："上午试图去看科林斯展览和希腊女神，被伯爵夫人的心脏衰弱搅黄了。争吵再起。旅行之前试图找点闲关的时间。"或1926年11月18日："伯爵夫人来法兰克福。在维歇特（Wichert）处。要我参与城市文化规划的建议大学否决。如此情况，似不值得继续朝这个方向努力。希望及早抽身。伯爵夫人又犯心脏衰弱，跟她多次到黑森饭店。"

贤很为难，他找不到接近她的途径，就算他不谈论危机、不和谐、冲突或者许多令人沮丧的对话，他的口吻亦很丧气。[1] 这段关系中，卫礼贤似乎扮演着忍受者的角色，他在 1926 年春的旅途中无措记道："身体上休养，精神上承压常至不可忍受。这一切还会变成怎样？"[2] 或许卫礼贤预感到他只是充当着某种龙套角色？日记中关于伯爵夫人之状况的记录往往非常简短，且重复着相同套话，也暗示卫礼贤对于伯爵夫人说要提供给他的东西并未完全当真。他的记录很扼要："上午和伯爵夫人去银行后到卢森堡公园。原计划的拜访我无法成行，因伯爵夫人很抑郁，她亦想受邀。我掏钱付午餐时，她又悲伤。"[3] 几个月后的那趟旅行同是这幅场景，依旧是"激烈的争吵"与"非常巨大的意见分歧"，原因无非是前述所谓的伯爵夫人的被冷落感。不过，不同于大部分情况下的只顾忍气吞声，事后再交谈澄清，卫礼贤有一次亦叫人诧异了一把——他跑了：卫礼贤同样想利用旅行做些自己的事，他获邀参加日内瓦的一次会议，却引来了伯爵夫人的争吵。之后事态慢慢升级：

> Han Ju Kias 热烈邀我去日内瓦，引发了巨大意见分歧，甚而扩展到其他事情，诸如通信自由等。由此引发的不快局面几近各自分头而行的地步。我自己一人坐车取道库尔市到朗维斯镇，在草地上

---

[1] 参见《1925 年与 1926 年日记本》中 1926 年 3 月 9 日日记（帕尔玛）："下午进城，城里到处晃着英国海员与军官。晚间在阳台。谈论卖淫及其取缔之法。不过这次谈话也跟每次一样结束。"

[2] 参见《1925 年与 1926 年日记本》中 1926 年 3 月 29 日日记。

[3] 参见《1925 年与 1926 年日记本》中 1926 年 4 月 14 日日记。

躺了许久，一面沉浸于回忆，一面享受着自然。[1]

卫礼贤最后从共同旅行中吸取了教训，尽管没法叫停 1927 年的旅行，但他想了想法子，使自己免于成为数周之久的旅伴。[2]

五　迫近终点（1927 年与 1928 年）

根据现有文献可知，卫礼贤自中国返德后没有一年过得轻松简单。中国研究所建立后的几年，新的困难随之而来。在卫礼贤的日常札记中，他一如既往地记录他的各类学术工作，另还提到诸种翻译和讲座。[3] 日记中描述西尔施托普夫伯爵夫人的口吻亦毫无变化。[4] 有所不同的是对

---

[1] 参见《1925 年与 1926 年日记本》中 1926 年 8 月 25 日日记，内容虽被涂抹，但仍旧可辩读。

[2] 1927 年的旅行目标在《1925 年与 1926 年日记本》中没有提及，但卫礼贤与伯爵夫人显然已就旅行时间做过商量，且两人各有预期。《1925 年与 1926 年日记本》中 1927 年 2 月 22 日日记："伯爵夫人相当恼怒，她近期已找过贝尔。我告她 4 月 17 日之前我不能出行，让她大为沮丧。"此外还谈到了"因缩短旅行时间而引起的抱怨与指责"（1927 年 1 月 23 日）。期间夹杂着伯爵夫人的常见情绪："伯爵夫人不愿见我"（1927 年 2 月 11 日）。

[3] 关于 1927 年后三个季度的文献可参见"每日笔记本"（BayAdW, N1 R. Wilhelm II/60–II/62）。1928 年的文献参见"随身笔记本"，每个季度各有一本（BayAdW, N1 R. Wilhelm II/64–II/67）。

[4] 卫礼贤描述伯爵夫人状态时的无能为力与过去毫无二致，比如 1928 年 1 月 29 日："彻底完全的崩溃"（参见《1928 年一季度随身笔记本》[BayAdW, N1 R. Wilhelm II/64]）。仅有一次的描述有所不同：1928 年 8 月 3 日，卫礼贤说"沉重的躁狂抑郁"令伯爵夫人筋疲力尽，当时伯爵夫人给他写了封信述说她跟小姑子之间的争吵（参见《1928 三季度随身笔记本》[BayAdW, N1 R. Wilhelm II/66]，其时，卫礼贤已在马里恩巴德市度假一周有余）。

中国研究所财务状况的抱怨。[1] 卫礼贤谈到研究所的负债以及因此给日常工作造成的困难。[2] 虽说清晰具体的关联无处可寻[3]，但根源可能仍旧在于伯爵夫人，她在经费事务上向卫礼贤施加压力，甚至要求他放弃教授席位，否则以下记录便难以解释，即"晚饭后去奥托家。赖因哈特一家、格尔布一家、里茨勒、隆梅尔女士、扬森女士都在。跟奥托及里茨勒谈了伯爵夫人要我放弃教授席位一事。他俩反对"[4]。

这一时期的卫礼贤在其他方面亦经受着深刻的变化，此处指的是他完全脱离教会事务。卫礼贤与同善会之间逐年渐行渐远，已非新闻。随着卫礼贤入职德国驻北京公使馆，继而又开始法兰克福大学的教书生涯，他与教会之间的关系进入了一种新的形式：卫礼贤牧师要求休假，且又延长假期。有理由相信，卫礼贤在1926年出版的《中国心灵》(*Die Seele Chinas*) 一书中的持论使得这种关系进一步恶化。[5] 符腾堡的福音派教区会于1927年6月再次发函卫礼贤，问其在休假期满后是否考虑继续申请休假，并根据卫礼贤的请求将休假期限延长至1929年6

---

1 这一基于卫礼贤日记的结论与卫美懿的表述相一致，参见《卫礼贤》，第365页。
2 参见《1928年二季度随身笔记本》(BayAdW, N1 R. Wilhelm II/65) 1928年4月16日日记以及《1928年三季度随身笔记本》(BayAdW, N1 R. Wilhelm II/66) 1928年7月16日："独自在播音塔吃完饭。为研究所工作真是举步维艰。总有新的障碍出现。"
3 由于卫礼贤很少记录数目，因此根本不可能再现他所面临的难题，但1928年10月19日的一条记录值得一读："10点在财务托管人处。大学预算给了中国研究所6 000马克的运行补贴，此外同意每月批300马克给一个教职。"看起来经费确实紧张。
4 参见《1928年四季度随身笔记本》(BayAdW, N1 R. Wilhelm II/67) 1928年10月14日日记。
5 "鉴于卫礼贤在《中国心灵》一书中关于在华传教事宜的言论，同善会请他主动放弃其荣誉成员身份，以免他们不得不取消他的成员身份。'如其所愿'，卫礼贤接受了这一请求。"（参见《卫礼贤》，第331页）

月。待到1929年中旬，鉴于卫礼贤已经拥有新的固定终身职务，事实上再无缘由继续让其休假，因此，卫礼贤于1929年9月被要求递交脱离教会事务的申请。卫礼贤在1929年9月9日以一封简短的回函满足了该要求。[1]

六 终点（1929年与1930年初）

卫礼贤每况愈下的健康状态是其人生最后岁月的绝对主题。令人注意的是，他对自己日益恶化的身体情况做了记录，最初记在日记本中的是他自己的一些感受，后来则心细如发地记录自己的体重。他的体重最后仅剩60公斤左右。1929年，他有一大段时间住在医院里；年底，伯爵夫人邀请他到埃尔特维勒镇的"小岛"疗养。尽管卫礼贤对自身健康所处的堪忧处境有很细致的描述，但他自己至少在一定时期内对病情似乎并不明了。一开始他常说的是一种"伴有腹痛的肠炎"，"身体状态不良"以及腹泻或令他备受折磨的腰骶部酸痛。[2] 这期间，他常常满怀希望地一再宣告其健康状况的彻底好转，但每每撑不了多久。整整一年多，卫礼贤的身体毫无变好迹象，这或许与不充分的诊断治疗也有关联。从一开始，卫礼贤所患何病、如何治疗，显然就不曾明确，因而便采用了传统的治疗方式。[3] 治疗围着症状转，而未曾抓住病灶本身。卫礼贤似乎亦不确定他的疼痛缘何

---

1 参见 BayAdW, N1 R. Wilhelm II/204b。
2 参见《1929年随身笔记本》（BayAdW, N1 R. Wilhelm II/71）中1929年1月2日、3月12日、3月16日或3月18日日记。
3 参见1929年5月7日稍显详细的描述："状态尤其不佳。还需再做一次灌洗，照X光，因为D医生给不出明确诊断。就返程一事咨询了护士，如果还有能力上路的话。"

而来，却认真地相信一切只与他的心灵状态有关。他写道："病根植于下意识之中，睡着时并不比清醒时更好。"[1] 这个疾病，虽给卫礼贤诸多痛苦，却未在他那儿，估计也未在他的主治医生那儿留下任何名字。很久之后，但不会早于 1930 年 3 月 1 日卫礼贤去世前两周，大家才想起来把他送到图宾根的热带病医院，接受一种新的疗法[2]，不过为时已晚。20 多年后，在卫美懿对丈夫的生平记录中，这个病才有了一个名字，是一种热带型"腹泻"，一种传染病，大概是 20 世纪 20 年代初卫礼贤前往中国时染上的。[3]

值得关注的是，虽然健康已经严重受损，但卫礼贤至少在 1929 年上半年仍旧做了一系列旅行，参加会议或与人会谈，其时，他也会针对自己的恶劣健康情况做出答复。然而随着时间的推移，原本计划好的行程最终不得不一一取消。[4] 他受限的行动能力并不妨碍卫礼贤在书桌前或在病床上继续他的翻译与学术工作。1929 年，卫礼贤成功完成了关

1　参见 1929 年 12 月 18 日日记。

2　参见《1930 年随身笔记本》（BayAdW, N1 R. Wilhelm II/72）中 1930 年 2 月 14 日日记。卫礼贤转院至图宾根后的主治医生是戈特利布·奥尔普（Gottlieb Olpp, 1872—1950）教授。

3　参见《卫礼贤》，第 391—392 页。引发热带型腹泻的原因至今仍不清楚，可能是感染了某种病原体，损坏了小肠黏膜。建议采用多周注射抗生素、服用叶酸与维生素 B12 的治疗方案，痊愈概率很大。如果该病未得到及时诊断与恰当治疗，正如卫礼贤的情况一样，那么死亡率几近三分之一。热带型腹泻的主要症状是贫血、拉肚子、体重下降等，与卫礼贤在日记中记录的病状恰相符。参见网址 www.onmeda.de/krankheiten/zoeliakie 以及 www.autoimmun.org/erkrankungen/sprue_zoeliakie.html。

4　该年年初，卫礼贤仍完成了一些公务旅行，此处仅举几例：1929 年 1 月 12 日至 15 日，他在柏林出差；1 月 19 日，动身前往苏黎世，与荣格会面，并在心理学俱乐部针对中国式冥想做了一场晚间讲座；1 月 22 日启程回法兰克福之前，又在苏黎世工业大学举办了关于东西方文化的讲座；1 月 26 日，卫礼贤又踏上前往柏林的旅途，参加一个关于迎接中国代表团的会谈。直至 1929 年 5 月，卫礼贤多次前往柏林，有时顺道到莱比锡或哈勒。

于经济心理学的论文，完成了中国经典文献《易经》《大学》与《中庸》的翻译。此外，他还着手对《金花》的打印稿进行修正，这是他与荣格（C.G. Jung，1875—1961）合著的一本书。引人注目的是，卫礼贤最后越来越多地把儿子赫尔穆特也拉入了他的事业中。

七　卫礼贤的文化观及其在"文化争论"中的角色

随着卫礼贤重返德国，接受法兰克福大学的教职，他的生活自然也翻开了新的篇章，其中一个最大变化是卫礼贤面对的不再是中国学生，而是德国学生，他需要教给这些学生一些中国的东西。他的目标在于为一种"新人性"或曰"新人"的生发助上一臂之力，以图超越无论是欧洲文化还是中国文化的文化局限。[1] 行文至此，文本试图对德国的文化争论做简要回顾，以便更好地解释卫礼贤生前文字中的一些显著现象。现代文化生活早在19世纪末期便受到批判性的审视。精神医生，比如早期心理学代表人物西格蒙德·弗洛伊德（Sigmund Freud，1856—1939），揭示了一种"日益壮大的神经症"，其激发之源在于好强求成、奢侈、无宗教信仰、不满与贪婪、蔑视所有伦理原则，它们都是现代文化发展的要害。[2] 就算这

1　参见费乐仁：《中国传教士的新教伦理、本土化问题以及学术专业精神》（译者暂译），载《经典社会学学报》第5卷，2005年第1期，第98页。
2　这些概念援引自弗洛伊德的文章《"文明的"性道德与现代精神症》（1908年），弗洛伊德在其中对神经学家威廉·海因里希·埃尔布（Wilhelm Heinrich Erb，1840—1921）的文章《我们时代日益壮大的神经症》（1893年）大为赞赏，参见弗洛伊德：《文明及其遗憾》，法兰克福：古登堡图书协会，2000年，第119—121页。

些观念的思想特征一开始仍不清晰明确,那么至晚在第一次世界大战之后,这一情况亦已改变。魏玛时代是一个观念纷争的时代,经历了战争灾难,又饱受战后饥荒、失业与通货膨胀之苦。这个时代产生了几个备受敬仰的学术流派,其中尤显重要的法兰克福学派即诞生于20世纪20年代末期卫礼贤的工作地。学派代表人物狄奥多·阿多诺(Theodor W. Adorno, 1903—1969)、马克斯·霍克海姆(Max Horkheimer, 1895—1973)、赫伯特·马尔库塞(Herbert Marcuse, 1898—1979)致力于重新解读马克思理论,声称"异化"不再仅仅或者首要地与资本主义的生产方式相联系,而是在现代日常生活中大行其道。学术机构如法兰克福学派或马堡学派自认为属于"理性团体"的一员,奋力追求通过学术理性之光清晰观照社会问题。但在魏玛共和国亦存在着完全对立的一方,他们激烈地反对经验科学冰冷的乐观主义,例如格奥尔格的圈子。[1] 他们主要宣扬的是反智主义、反理性主义以及"人生哲学"——鲁道夫·奥伊肯(Rudolf Eucken, 1846—1926)大致可代表——中的宗教形而上设想,并由此形成了一种民族性思想。这种棘手的思想一开始完全可以在一种普遍的意义上加以理解,大致可以将其视作:拒绝任何形式的现代性,并找寻国家与人民的旧有永恒价值。[2] "这些民族性的思想吸纳了一种明确的非理性、情绪化倾向,它们最为关注的是人与世界,并因此引起了广

---

[1] 关于该问题可参见彼得·沃森(Peter Watson):《美杜莎的微笑——影响现代思想的观念与人》(译者暂译),慕尼黑:贝塔斯曼出版社,2001年,第329—330页。

[2] 参见乔治·莫斯(George L. Mosse):《一个民族、一个国家、一个领袖,国家社会主义的民族源头》(译者暂译),柯尼希施坦因:雅典娜神殿出版社,1979年,第4页。

泛的回应。"[1] 不过，赋予一个民族以其特征、能力以及一体化的并非自然本身，而更多的仅仅是特定的家乡形象。由此出发可以清楚看到，民族性思想中原初地蕴藏着相当多的东西。这些东西最后在极其狭隘的意义上理解民族性思想，将其限制于一种纯粹的德意志土地与宿命上，最后又将其否定。

那么卫礼贤当时又扮演了什么角色？怀着对当时广泛扩散的"文化悲观主义"的认同，卫礼贤越来越多地觉察到西方文化的缺陷。对卫礼贤而言，欧洲文化没能成功地创造出一种个人文化和具有支撑作用的社会组织。[2] 首先正是针对这一点，受凯泽林等人影响的卫礼贤脱离了纯粹的中国语境，提出了一些普遍性的文化论述。[3] 相关的有趣文稿主要形成于20世纪20年代末，从中可以看到卫礼贤吸收了当时一些常用的"民族性"行话，今天读来只让人倍感诧异。卫礼贤关于"东方"，关于"东方人"、"其他种族"以及关于欧洲人与异域种族的"竞争"令人联想到19世纪末休斯顿·斯图尔特·张伯伦（Houston Stewart Chamberlain，1855—1927）以来的文化与种族论点。[4] 敌视东方，尤其是张伯伦在内容丰富的《十九世纪的基础》一书中所展现的反犹太、亲日

---

1 参见莫斯:《一个民族、一个国家、一个领袖》，第21页。
2 参见孙立新:《卫礼贤论中西文化交流》，载克劳斯·希尔施:《卫礼贤——两个世界的使者》，第87页。
3 比如当卫礼贤开始对"现代预言"做出推想之时。参见卫礼贤:《德国的现代语言》，载《行动——德国文化未来月刊》（译者暂译），1925年11月第17期，第561—569页。
4 相关概念参见卫礼贤:《东方精神对西方革新之意义》（译者暂译），载《德国评论》，1928年第54期，第195—204页。

耳曼偏见在某种程度上依旧萦绕不散，尽管他本人早已被驳倒，成为边缘人物。

若要问卫礼贤是如何接触到这些思想的，那么必然要提到欧根·迪德里希的影响。不同于有些圈子宣扬的狭义"民族性思想"，迪德里希在其影响范围之内展示出一种更为广大的精神开放性。不同于视野中只有德国背景的人，迪德里希把无论如何都内在于民族性想象中的现象扩展到了其他国家与民族。虽然他对新的种族理论满腹狐疑，但种族对他而言亦占据着重要地位，尤其是"与正确的形而上学冲动合作"[1]之际。他以一种完全不同的方式使用种族用语，它在迪德里希写作的时代是易于理解的，只是困扰了如今的读者。在"种族话题"下，迪德里希在1912年的一封信中谈及了中国：

> 中国人能给我们提供什么？他们不过是蒙古人，是低等民族。我看蒙古人也只看到一个毫无想法的种族。但尽管如此，中国在未来将会给我们的文化进步带来一定的促进作用，如果只因为他们不是雅利安人种，就拒绝这份马赛克般大小的作用，是短视的。风俗在中国文化中达到了一种我们这些野蛮人未能企及的高度。[2]

---

[1] 参见莫斯：《一个民族、一个国家、一个领袖》，第66—67页。
[2] 参见伊姆加德·海德勒：《出版家欧根·迪德里希及其世界（1896—1930）》，威斯巴登：哈拉索维茨出版社，1998年，第105—106页。

由于迪德里希对中国思想、印度思想与伊斯兰思想的好奇，卫礼贤与他走到了一起，他相信，这些思想恰因其非帝国主义的倾向可以给欧洲文化带来一种新生活与新方向。迪德里希的目标是面对广泛的读者群出版一批精挑细选的流行译著，就像英国人做的那样。卫礼贤关于中国古典文学的翻译促成了《中国宗教与哲学》(Religion und Philosophie Chinas)的形成，该系列书籍于1910至1930年期间共出版了九册，使人得以对巅峰状态的中国宗教与哲学拥有条理分明的概览，而翻译所应实现的目标是：通过精准地复述原本思想，使每个受过教育之人在对原文了解寥寥的情况下都能达成理解。[1] 在卫礼贤的翻译中，他能留给自己清楚表达其文化观点的空间非常有限，这种机会更多出现在他写的文章中，其中有一些发表在杂志《行动》上。这本杂志由霍尔讷弗兄弟于1909年创办，1912年由迪德里希接手，很长时间内无甚影响，最后跃升为"当时最为重要的关于浪漫—民族思想财富的刊物"[2]之一。汉斯·策雷尔（Hans Zehrer，1899—1966）从1928年起为该杂志撰稿，通过他的观念使《行动》成为了魏玛共和国的核心政治刊物之一。[3] "拯救者思想"出现在迪德里希大量的宣传性表述中，显然也不忘"传染"

---

1 参见伊姆加德·海德勒：《出版家欧根·迪德里希及其世界（1896—1930）》，第313页。
2 参见莫斯：《一个民族、一个国家、一个领袖》，第26页。
3 这些从卫礼贤发表在《行动》上的文字中已可见一斑，待策雷尔于1931年迪德里希死后成为杂志出版人时愈发明显。策雷尔呼唤一个能够压制共产主义运动与国家社会主义运动的极权国家，最后却变得过于"右"了，以致最终与极富攻击性的国家社会主义者混为一谈。

卫礼贤。[1]

根据卫美懿的观点，卫礼贤在其关于文化的思考中主要想表达的是他之为牧师或传教士的角色。[2]相反，本人更乐意将卫礼贤在其最后十年人生中称为"文化使者"。上述已描绘了文化争论，最后本人还想探讨两个问题：其一，卫礼贤关于中国文化的见解如何，这些见解有何长进？其二，与其"专业"及其同事相比，卫礼贤的独特之处在哪？

针对第一个问题首先要肯定的是，卫礼贤关于中国文化的观点需从不同的角度加以解读，同时还需把卫礼贤在中国的早期活动也纳入考量范围。这方面，卫礼贤在其长期居华期间为同善会所做的工作尤显重要。卫礼贤很早便一再指明，他看不到在中国再建一处基督教社区的必要。[3]他并不是一个严酷的传教士，意图不计代价地在中国传布基督教，而是试图通过与中国古典文学的对接助力基督教信仰的传播，以此方式间接地传教。[4]从文化上来说——此时卫礼贤作为教师的角色毫无疑问强

---

[1] 这一方面，迪德里希与卫礼贤之间的通信亦极具启发，其中主要是1924至1925年间讨论出版事宜的通信（参见 BayAdW, N1 R. Wilhelm M80）。迪德里希再三提出必须为人类精神状况的发展做出贡献。在迪德里希信件的左侧可以找到《行动》杂志的一条说明，它在时代背景中对意识形态的信条作了简单呈现："本杂志真诚地关注所有能够令我们的社会境况康复、令全民族团结的问题，超越任何党派政治，认为主观主义是我们时代的弊病，寻找一种与超个人观念以及客观权力共处的关系，因此，本杂志根本而言是关于新宗教养成的刊物，一种广义上可概括为面向精神塑造生活的宗教。'行动'之目标不在于塑造观念，而在于成为全人。"

[2] 参见卫美懿在卫礼贤过世后出版的卫礼贤文集，即卫美懿编：《人与存在》（译者暂译），耶拿：欧根·迪德里希出版社，1931年。费乐仁对之亦有引用（本书第170页注1）。

[3] 参见卫礼贤：《德国在中国的文化使命》，载《德文新报》第23卷，1909年第30期，第174页。

[4] 参见费乐仁：《中国传教士的新教伦理》，第98、103页。

过其传教士身份,卫礼贤所持之论是,年轻的中国学生首先必须对自己国家的古典文化有所理解:

> 把他们教养成半个欧洲人毫无意义。(……)我们的口号是:使基督精神深入中国民众之中,而非使变作基督徒的中国人离开其本然之境。[1]

但卫礼贤赞同的到底是什么样的中国文化呢?进一步观察卫礼贤在一战之前发表的文章,可以确定他对儒家有着强烈的认同。作为文化的布施者与秉持者,孔子对中国时期的卫礼贤所产生的作用远远大过老子。依卫礼贤之见,老子全然地拒绝文化,并看到"弊端恰恰更多根植于文化之中"[2]。卫礼贤对道家的评价是:

> 正如人们所见,老子关于人类社会的学说局部上充满了非常矛盾的想法,虽如此,它们仍具有某种意义,值得费力对它们进行深入思索,尽管在其中看不到智慧的最高结论。[3]

在卫礼贤看来,儒家毫无疑问构成了中国文化的基底。至少在其居

---

[1] 参见卫礼贤:《德国在中国的文化使命》,第173页。
[2] 参见卫礼贤:《〈道德经〉关于人类社会的学说》,载《德文新报》第24卷,1910年8月第32期,第167页。
[3] 同上书,第168页。

华生涯的早期，卫礼贤将儒家看作传播基督教信仰的一种手段：

> 为了使福音完整无缺地显现于中国，必须找到一种自中国精神中诞生的表达途径。情况从不曾像如今的青岛一样有利于向中国文化传布福音，中国人自发地、满怀信任地加入我们，共同推进这一事业。[1]

本人毫不怀疑卫礼贤谈论的"中国精神"指的正是儒家。有趣的是，卫礼贤显然认为儒家与基督教信仰并不冲突，甚至随着时间的推移，卫礼贤似乎越来越富有"儒家"姿态。早在一战之前，在"文化悲观主义"涌现之前，卫礼贤即开始认为孔子是"圣人"，不仅可以成为中国的，甚而可以是整个世界的楷模：

> 崇敬中国大智者的最好方法即借助合适的方式使中国的青年熟悉他的作品。他的学说不应被忘却。（……）因此崇敬孔子的最好方法是让他的学说闻名于全世界。[2]

卫礼贤痴迷于儒家，后者对他而言乃"自成一体、臻至完满的文化

---

[1] 参见卫礼贤：《儒家社会》，载《传教信息与宗教学杂志》第29卷，1914年第8期，第250页。

[2] 参见卫礼贤：《为国教而斗争》，载《传教信息与宗教学杂志》第29卷，1914年第3期，第86页。

系统之最好例子"[1]。当然从如上论述中难以得出结论,认为卫礼贤背离了基督教信仰,因为正是儒家思想中的可信与不变深深吸引着他。耶稣——就卫礼贤的理解而言——只能从未来出发去理解,是处于一种生成过程中的形象;孔子则相反,他的根基在过去,他的行为及其后果已然完成。[2] 如果翻看卫礼贤1914年之前的诸多文章,则孙立新的如下判断完全可以得到附证:卫礼贤对中国文化深怀敬意,宣称中国文化足以媲美欧洲文化或者甚至比后者具有更高之价值。[3]

在此,本人亦想稍做总结与批评:从卫礼贤的中国表述可以看到他对中国的态度非常理想化。他的视角是片面的,关注的全部是古典哲学,且主要是儒家。给人的印象是,仿佛他彻头彻尾地避世而居,远离当时的中国知识界,而当时恰值20世纪初期激烈争论舍弃儒家思想之际。鲁迅(1881—1936)与卫礼贤是同一时代人,作为中国最重要的儒家批评者之一,明显未受到卫礼贤的注意,这颇具讽刺意味。还有关于西式民主、自由与平等之类的问题,一战之后深刻搅动着中国的年轻人,却在卫礼贤的文章中找不到一丝痕迹。[4] 我们不禁要问:难道卫礼贤对这些变化一无所知,他看不到周围发生的事情,还是他不想看到?一个解释是卫礼贤总体上更趋保守的立场及其1911年后在青岛与极度保守

---

1 参见卫礼贤:《新中国的儒家》,载《传教信息与宗教学杂志》第27卷,1912年第11期,第340页。
2 参加卫礼贤:《中国的儒家》,载《德文新报》第26卷,1912年第36期,第206页。
3 参见孙立新:《卫礼贤论中西文化交流》,第93页。
4 参见Xiu Haitao:《中国与欧洲的中介:卫礼贤(1873—1930)》,载《今日中国》XII,1993年第3期,总第67期,第88页。

文化圈的交往。[1] 他认定支撑中国的精神—道德学说是"不变的",使他的目光注意不到中国变化的可能性。他显然把这个庞大的国度看作一个固态的、永恒静止的地方,其中的经济社会情况亦然。对卫礼贤而言,中国是个农耕国家,并将永远如是。直至1929年,卫礼贤仍在一篇文章中声称,中国绝不可能变成如欧洲国家一样的工业国,绝不可能壮大为一个出口国[2]——有趣的是,中国在2005年的出口盈余已达1 300亿美元。

第二个问题,即关于卫礼贤对文化的普遍理解及其在20世纪20年代的长进问题,如不考虑他当时写下的文字,不考虑他所处的环境以及他在其中所扮演的角色,是难以作答的。首先要确定的是,卫礼贤身处汉学家与中国专家构成的同事圈中,始终是个局外人,哪怕迁居法兰克福之后依旧如此。[3] 卫礼贤与专业同事圈的关联有多么微弱(但并不排除偶尔的私人交往,这从当时的日记亦可探知),那么他于20世纪20年代中期在知识界就有多么受人敬慕。卫礼贤的视野不局限于专业范围,可以超越专业界限给人以启迪,正如他自己从超越中受益一样。卫礼贤及其作品迥异于他的大部分专业同事,也使得他过世几十年后仍能一再成为研究对象,使得他的意义超越汉学领域而愈加清晰。

---

1 参见Xiu Haitao:《中国与欧洲的中介:卫礼贤(1873—1930)》,载《今日中国》XII,1993年第3期,总第67期,第88页。
2 参见卫礼贤:《中国的工业化及其心理后果》,载《中国》第4卷,1929年,第3页。
3 参见梅希特希尔德·洛伊特纳:《汉学争论》,第47、62页。

论赫尔曼·凯泽林《一个哲学家的旅行日记》一书中的中国印象

论赫尔曼·凯泽林《一个哲学家的旅行日记》一书中的中国印象

何心鹏（Volker Heubel）著

高琳琳译

本论文研究的是赫尔曼·凯泽林在《一个哲学家的旅行日记》一书中的中国印象，该书成书于 1919 年，分为上下两卷。现如今凯泽林已不再广为人知，但在魏玛共和国时期他是最著名的社会哲学家之一。本文主要介绍的是，凯泽林在这部作品中是如何阐述儒家和道家思想的。凯泽林乐于接受其他文化中的传统思想，从这点看来，他也被视为现今跨文化哲学的先驱。此外，他的重要贡献是复兴了生活智慧理想，并把哲学同实践融合到一起。

《一个哲学家的旅行日记》使凯泽林在第一次世界大战后一举成名。这本书的大部分内容在战前就已经撰写好了，但是由于战乱原因，此书在 1919 年才得以首次出版，在魏玛共和国时期总共出版 7 次，售出 5 万册，使其成为哲学类的畅销书。[1] 该书记叙了凯泽林 1911 至 1912 年间的

---

1 Ute Gahlings, *Hermann Graf Keyserling: Ein Lebensbild*, Darmstadt, 1996, S.115. 关于凯泽林生平一些有趣的和有教益的方面在这里我就不详细探讨了，具体的可以参考关于凯泽林的传记。

环球旅行,凯泽林在此书的题词中这样写道:"找回自我的最短的一条路,就是周游世界。"凯泽林的环球旅行路线先是穿过地中海、苏伊士运河和红海,经过亚丁和非洲,穿越印度洋到达锡兰。接着他到访过印度、中国、日本和美国,最后从美国回到欧洲。从他对不同国家叙述的篇幅来看,印度占据最重要地位,对印度的叙述篇幅共 305 页,之后是中国(145 页)、美国(140 页)、日本(140 页)和锡兰(60 页)。

依照书中的题词看来,对自我实现的渴望在驱使着他环游世界,但是他也曾这样问过自己:"周游世界能在多大程度上帮助我实现我所认为的自我?因为通常是说周游世界阻碍了自我实现。"对此他做出了如下回答:

> 对于那些生性适合周游世界的人来说,周游世界能够帮助他们不断塑造新的精神形态。在这方面,欧洲不再能帮到我了,因此我就开始了我的环球之旅。为了能够不断塑造新的精神形态,我对这个世界已经很了解了。但世界同时也是局限于世界本身的。本质上看来,整个欧洲都是一种精神。我应该去更大一点的地方去经受住考验,在那里我的生活一定会发生很大的变化,在那里我需要彻底转变对事物的理解方式,在那里我必须尽可能多的忘记从前的自我和我所知道的一切。我想体验热带地区的气候,了解印度人的思想观念及中国人的生活,以审慎的态度让这些以及其他我所完全不能预计的事情对我施加影响,然后看一下我能够从中得出什么。当我把所有的周游世界的坐标确定之后,我自己必须是处在中心位置。我必须还得能够应对时间的和空间的随机性。倘若能从中得出一些

东西，那我的环球之旅将引导我找回自我。[1]

这部作品并不是单纯的旅游记录，凯泽林在书的前言中写道，"这是一部类似于小说的作品"，是"一部由内而发创作的、与思想紧密结合的文学作品"[2]，从这部作品中能够推断出作者想要表达的主要思想。在此书中，对现实的叙述并不是这部作品的目的，而是作者独立见解的一种表达手段，但是作者的独立见解又不依赖于这种表达手段。这部作品里既有对异域文化的思考也有作者的自我反思，对现实准确叙述的同时也添加了文学作品的抒情方式。同真实性相比，可能作品中大部分叙述的更多的是一种可能性。[3] 此外，读者不应当被作品中的矛盾观点所迷惑，这些矛盾观点随之带来的就是作者的立场和主要观点的不断转变。

中国对凯泽林的环球之旅有何重要意义？他在中国都有哪些体验？他又是怎样来叙述中国人的生活方式的呢？

在中国，凯泽林的旅行路径为：广州—澳门—青岛—山东其他城市—济南—北京—杭州—长江—上海。读者从书中无法得知凯泽林选择这条路线的原因以及他旅行中的具体情况。从旅行日记看来，这些地点引发了凯泽林的思考，但是在他的叙述却处在次要的地位，并且只有在一定条件下才会专门对地点进行具体生动的描述。旅行地点的特色，旅行途中的经历或是旅行中遇到的人激发了凯泽林的多样化思考，从而使凯泽林对中国的

---

1 Hermann Keyserling, *Das Reisetagebuch eines Philosophen*, München, 1919, S.6–8.
2 Ibid., S.XXX.
3 Ibid., S.XXX–XXXI.

基本特征、中国人以及中国传统有了更广泛的理解。对于不同地点的大段叙述又根据不同的主题分成了各个小段。这些主题包括中国的语言、文字、宗教、道家、儒家、文学思想、道德、礼节、农民阶级作为中国社会的基础、帝制、共和制、中国菜以及中国人的爱情和婚姻观。凯泽林的目标是：通过对中国人以及中国人基本信念的描述得出普遍的概念，这些概念可以同西方的普遍概念比如说新教、天主教、现代性等清楚地区别出来。凯泽林的评价在赞赏、优缺点的客观权衡、怀疑与否定之间徘徊不定，他在中国行这部分的结尾（第566—574页）对此做了一个概括性的评价。

凯泽林从整体性的世界观中了解到了"中国特性"的基本特征：人与宇宙、道德以及自然现象构成了一个整体。在这个整体中，农民是承载者，他们将人和地联系在了一起，最顶端是皇帝，皇帝被视为天子，他是将人和天统一到一起的纽带。根据道家的道德准则，人类对大自然负有责任，自然灾害的发生也被归咎于皇帝的行为。[1]凯泽林认为，中国哲学的特别之处在于它在日常生活中的可实践性，与此相对，他将中国哲学在思想层面上的表达视为平庸、乏味（第536页）、浅薄（第469页）和无趣。他在书中这样写道：

> 对于中国人而言，哲学的思辨在一定程度上非自然的，尽管在世界上他们的生活方式是最具哲思性的，中国人的智慧体现在他们外在的生动表述，而不是存于他们对这些表述所做的思考中。[2]

1　Hermann Keyserling, *Das Reisetagebuch eines Philosophen*, S.491-492.

2　Ibid., S.537.

凯泽林从中国和东方智慧冥想的特性中发现，不仅中国智慧，整个东方智慧都还有一个特征："首先是专注，这要归因于他们的起源；其次也是专注，以此对他们进行一番研究。"[1]

在中国的哲学研究中，孔子和老子为人们提供了实现可能的完美极致的两个相互对立的极：儒教实现了外表上的完美极致，道教则达到了思想上的完美极致；儒教是有形的完美极致，道教则是无形的完美极致。[2] 接下来我想就人类未来的发展来探讨一下凯泽林对儒教和道教的阐述以及对它们所起作用的评价。

在青岛，通过卫礼贤的介绍凯泽林结识了辜鸿铭，在旅行中，凯泽林同辜鸿铭联系密切，在北京，凯泽林又通过辜鸿铭结识了许多学者。[3]

---

1 Hermann Keyserling, *Das Reisetagebuch eines Philosophen*, S.529. 凯泽林认为，中国智慧的"压缩性特征"应归功于此，这同他上文的描述相矛盾，因此凯泽林在这又继续补充道："中国智者的学说是贫乏的，也是单调的，不是因为它的排他性，而是因为它的压缩性。如同一个有教养的中国人对它的理解，它的所有理论都是为了将一切可能的表象的精髓详尽地展现出来。"

2 Ibid., S.534.

3 卫礼贤在他的《中国心灵》一书中记叙了在青岛与凯泽林的相遇："这位来到清朝的名人也来自欧洲。中国的文化给他留下了最深刻的印象，他是盖沙令·凯泽林。应他的请求，我引荐他结识了很多有名望的人。部分政府高官和学者受邀聚到一起。其中大部分是儒家学者，研究道教和佛教的学者也在场。凯泽林在他的旅行日记中也记叙了这次的宴会。这里我想补充一点，我难得做翻译做得如此高兴。中国人和欧洲人聚在一起通常就是喝酒或者是互相寒暄，这次，要多亏凯泽林活跃的思维和他极好的适应能力，他同在场的人不断地交流，我们谈话也渐渐转向有深度的探讨。凯泽林给在场的中国人留下了深刻的印象。他们觉得凯泽林是个有能力也很活跃的人，同时他也真心想了解中国文化。他们积极热情地同凯泽林交谈，因为在中国，没有什么比真心想互相了解的意愿更能让人打开心扉。"（第225—226页）

在结识这些学者之前,凯泽林就已经表达了自己对儒家思想的看法,尽管他对学者们的说法持绝对批判的态度,但他们的观点肯定还是对凯泽林对于儒家思想的看法产生了一定影响。

道德和礼仪是儒家思想的核心内容,这些内容主要体现在两部作品中:一部是关于敬畏的作品——《孝经》,另一部是关于礼仪的作品——《礼记》。道德筑根于对人和对物的敬畏原则之上,"敬畏是一切美德和智慧的基础"(第473页)。礼貌和礼仪绝非是完全外在的东西,而是高尚品德最基本的表达方式。《礼记》一书的中心思想是:一个人只有可能在内心达到完美极致,倘若他要表现出外部的完美,只有可能将其最为个性化的东西通过恰当的方式展现出来,并且需要遵循已然被历史验证了的、具有中国特色的准则和规范。[1] "具有代表性的礼仪并不会阻碍人的完美及个性化的塑造,因为随着艺术的不断进步发展,偶然的个人因素愈加升华为普遍适用的东西。"[2] 这也就是说,最个性化的内涵可以通过客观的形式实现。在凯泽林看来,"礼貌在任何空间和时间都被验证为是一个受到过良好教育人士的最佳表达方式"[3]。"中国的礼貌习俗使得这个国家的伟人要比我们的伟人站在一个更高的文化阶梯上"[4],在"我们这里的"礼貌通常就只是象征性的和拘谨的。中国美好的礼仪实现了道德教育和形式教育的平衡,优美与庄重、优美与严肃以及优美与智慧

---

1 Hermann Keyserling, *Das Reisetagebuch eines Philosophen*, S.473.
2 Ibid., S.472.
3 Ibid.
4 Ibid.

之间的和谐（第474页）。凯泽林认为中国"理想化的人物"是具有具体化的理想也是中华民族的文化理想，即"内在的思想应当在外在形式中获得充分体现"[1]。凯泽林对此的赞赏表述为：

> 在高贵的中国人身上，那种无比精致的礼仪达到了完美极致，在严格遵循的风俗习惯的框架下，即便是以和蔼可亲的方式，也能够恰如其分地表达出个性。而此种个性在现代的欧洲又是何等稀有！中国人从小即要接受此类教育，这对于一个人的成长将会有多么大的裨益！[2]

中国的礼仪文化只对于那些受过良好教育的人有积极作用，可以提高他们的水准（第482页），一般大众仍然停留在表面。凯泽林指出，中国最主要的先天不足在于，"思想在形式中渐渐消亡"[3]。

在凯泽林看来，行为举止的表现形式，更确切地说是在中国对礼仪的注重是一种典型的现象而不是特例，"它是一个个体文化程度较低，但同时又具有较高文化程度的社会典型"[4]。他从四个方面解释了中国人的极端外表特征：人口过多、个体意识弱、对礼仪形式的特别感知力和社会责任感强。[5]凯泽林认为，中国礼仪文化的另一个弊端是阻碍了人

---

1 Hermann Keyserling, *Das Reisetagebuch eines Philosophen*, S.542.
2 Ibid., S.473.
3 Ibid., S.538.
4 Ibid., S.483.
5 Ibid., S.479.

的创造性思维的发展,尽管它将儒家思想和文人理想的一部分加以理想化,但仍有其消极的方面:不屈不挠,迂腐不化,呆板僵硬,早熟早慧,稀奇古怪。[1]

同不信教的、辩证的儒家思想相比,凯泽林对道家智慧予以赞赏:"所有到目前为止发现的形而上—现实的形式之中,唯独中国的形式是恒常的。"[2] 他是怎样得出这一结论的呢?

道教信徒的独特见解是:"内心的幸福只能被定义为自私自利的结果而绝不是一种战胜自我的可能状态。"[3] 这点也符合凯泽林的完美极致理想和独特的绝对个体化生活的理想(第 829 页),通过这种方式,人们可以将自己以及自己的身体作为精神的表达方式,学习直接在本质内或本质外去生活(第 832 页),这也就是说要实现内心和外表的和谐统一。完美极致意味着自我实现的最高状态,同时凯泽林也赋予其一个宗教内涵:"希冀以上帝的光环将一切现象照亮。"[4]

此外,道家智慧的特征是:至高无上的自然之道和一种符合自然规律的生活不仅意味着道和精神的实现,同时也意味着人类自由精神与道的和谐统一,它"能够将受困于概念的人们更近地带到其生活的中心"[5]。

凯泽林对道教的评价仍是批判性的,道教的寂静主义对现世生活有

---

[1] Hermann Keyserling, *Das Reisetagebuch eines Philosophen*, S.531.
[2] Ibid., S.460.
[3] Ibid., S.538.
[4] Ibid., S.542.
[5] Ibid., S.459–460.

意识的规划显然是不成功的，创造性的工作也有违其基本原则。[1] 在至高的现实化情况下，他属于至高的人类理想模范，在除了这种至高情况的其他情境下，他都会以低于他人的形态出现，以至于他将普通的道教信徒评判为一个"卑微的家伙"[2]，这种判断就道出了其他不同立场的人的局限性（第460页）。凯泽林对道教的绝对寂静主义和对文化与群体的敌视的解释为：这是对中国社会过度繁忙、社交活动过度的一种反应，中国人口稠密，由于道德的约束，人们无论在任何情况下都不会对不寻常的事物进行批判，由此许多人便产生了这种极端反应。[3]

凯泽林对独具中国特色的道家智慧做了如下的概括总结："它的基调表现为专注与审慎，这在所有的，包括最为精深的中国式智慧的语句中显露无余。没有任何的不适，所有的一切均被先行细致计算并组织好；更善于韬光养晦，而不是以其光芒为自己吸引来并不友善的注意；更愿以一种内敛而非尖锐的形象示人；在任何情况下都做出退让。"[4] 对于这部分概括性的描述，凯泽林在中国行这一部分的总结中也添加了自己从欧洲人的视角出发所做的评论。

凯泽林认为，中国人比欧洲人少了许多个人主义色彩，因此中国人缺乏个人创造力。这是由唯理智论造成的，唯理智论基于对世界的大一统和系统化崇高目标的认同，支持普遍化，中国人由于缺乏同形而上学

---

[1] Hermann Keyserling, *Das Reisetagebuch eines Philosophen*, S.458.
[2] Ibid., S.460.
[3] Ibid., S.454.
[4] Ibid., S.453-454.

维度的联系，他们"仅仅停留于事物表面"（第567页）。如果就中国人缺少个性这一点而言，在凯泽林看来，中国人处在一个低于欧洲人的自然阶段，由于中国人对文化自然状态的精心培育程度高，所以在文化上中国人是领先于欧洲人的（第568页）。当然中国人在重要的精神领域并没有因其缺少个性而遭到限制，因为正如神秘主义所表明的那般——本质是较个性更为深层的东西（第567页）。

凯泽林断定，中国文化将永远不会被超越，至于其在表达形式上的不足，则是由中国文化的唯理智论造成的。凯泽林将此归结于中国人主观性的缺乏，强调普遍性、典型性和规范性而没有正确处理好特殊性，由此，也使人变得肤浅化了。[1] 其原因可以归结为以下几个方面：

> 具体化的理想，或是为这个世界创造一个绝对的理想，在中国的实现方式并不是不同的单个灵魂的完美终结，而是上文所描述的各项准则的完美终结。这也决定了，埋藏在人类最深处的东西不被攫取。因此，通过纯粹的主观性实现具体化的理想，这是人类的最高阶段。一个人最深层的东西是纯粹主观性和非客观性的，从外部无法把握。在此主观性内外，直接的生活总是合宜的。[2]

凯泽林对中国的总结评价是矛盾的，一方面他认为儒家思想是值得

1　Hermann Keyserling, *Das Reisetagebuch eines Philosophen*, S.569.
2　Ibid.

效仿的，另一方面可能又阻碍了"完美极致理想"的实现。[1] 凯泽林认为，单以精神而论，中国的礼仪文化定然是人类的楷模，但是基于中国的社会环境看来，他对完美理想能否得到普遍性的实现抱有怀疑的态度，对于只能带来更多的单调与乏味的此种人类进步究竟是不是值得追求的。[2] 尽管凯泽林作为一个现代的欧洲人要严肃看待此类生活形式或许会有一些困难，因为欧洲处在较为进步的一个发展阶段（第481页），但是凯泽林基于相对主义立场仍然认为此种形式亦适用于它们，"因为对于一个形而上学者而言，天性在世界的表现形式和那些富有创造性的想象力所创造的形式，二者之间没有任何差别。作为现象，二者都是同样真实的。从意义上看，二者也是等同的"[3]。

尽管在凯泽林看来儒家思想的保守精神是拙于创新的（第507页），但他同时也提出此种观点：革新是必需的，因为此种精神已经深深地植根于中国人民的内心。但是，它有一个前提，即"传统的儒教必须被赋予崭新和快速运转的动力"[4]。由此，关于未来发展凯泽林提出了如下观点：

---

[1] 对这一矛盾心理凯泽林做了如下两段概括："那么，是不是现在已然是时候让我们的孩子接受儒家思想的教育？或迟或早会走到这一步，但愿这一天不要来得太晚。可以想见，我们的伦理学家和道德家们必然会为此暴跳如雷。因此，应当强迫他们所有人与受过教育的中国人好好地相处一年时间……"（Hermann Keyserling, *Das Reisetagebuch eines Philosophen*, S.562）"曾经追寻的理想一个接一个的幻灭，而逝去的完美极致的类型也不再成为新时期的榜样。如同世界上的其他国家，中国的知识分子和贵族最为关切的，并不是如何使过去的完美极致实现长生不朽，而是如何利用好他们更优秀的理智，尽快地构建出新的类型，以为人类指明未来的道路。"（Ibid., S.559）

[2] Ibid., S.478.

[3] Ibid., S.483.

[4] Ibid., S.509.

根据上面的描述，中国特性一方面是过去发展阶段的残余，另一方面也是对未来理想的透支。对于我来说，可以确信无疑的是：未来阶段最有教养的人与其说是同现代人类，不如说是同传统的儒家学者更为接近；而未来的社会秩序看上去也会是更相似于中国的，而不是我们的乌托邦主义者所期待的秩序。未来的人类很可能更加独立自主；外在条件的限制也会越来越少，而存在的限制条件将被批判为最后的糟粕，正如同几千年来在中国所发生的一样。但是，到那时候，人类将会以自己更高级的理智，主动将自己束缚起来；他思考问题的方式将是超个体的，不具有任何的个人主义。然而，这一超个体的终结思考阶段与中国现在所处的弱个体阶段，而不是我们欧洲人今天的发展阶段，更为接近。[1]

凯泽林从个体和社会和谐的联系之中对中国未来理想的看法如下："倘若将来我们能够借助得到充分发展个人的自由倡议，去追求个人无拘无束的完美终结，并最终获得成功，如同在中国的情况一般，那社会的理想目标便获得实现。"[2]

尽管中国给凯泽林留下了比其他任何一个国家都要深刻许多的印象，但当他离开之际，却带着"一丝淡淡的怨恨"（第 571 页）。这是为什么

1　Hermann Keyserling, *Das Reisetagebuch eines Philosophen*, S.568.
2　Ibid., S.569.

呢？究其原因，凯泽林认为，中国人总是将人的天性抑制到内心的最深处（第573页），文化拥有统治力，由此也产生了做人之道和最具人情味的礼仪。但是这些也把人限制到了条条框框中，更不能对精神产生激励作用。

展望：凯泽林能否被视作跨文化哲学的先驱？

在"西方人生活发生蜕变"[1]、人们的认知趋于表面化和肤浅化、欧洲以牺牲精神生活和内在精神联系为代价的超理智主义时期，凯泽林提出了他的哲学思想和多种不同的生活方式。[2] 现代文明的精神危机将凯泽林同生活哲学联系到了一起，因此，凯泽林的哲学思想也被生活哲学赋予了更广泛的意义。在这种精神危机下，知识与生活、思考与行动、精神与灵魂之间失去了有机联系，因此，精神和灵魂必须通过新的结合再次联系到一起。

凯泽林用树做比喻来解释目前的文化状态："现如今我们的文化就好比一棵树，生长速度快并不意味着根扎得深；生长速度快反而会导致树冠干枯。但是只要它重新开始生长，那里便又会抽出新的嫩芽。由此，精神和灵魂的新连接、意义和表达的相吻合、生存与能力的相互适应问题就可以理解为：这个问题需要通过一种新的结合方式来解决，这种新

1　Hermann Graf Keyserling, *Schöpferische Erkenntnis*. Darmstadt, 1992, S.136. 以下简称 SE。
2　Kai u.a.Buchholz（Hg.）, *Die Lebensform. Entwürfe zur Neugestaltung von Leben und Kunst um 1900*. Darmstadt, 2001.

的结合在内容上必须是充实且富有深度的。"[1]

为了弥补这个时期的不足，社会各个不同群体的人也因此都产生了对自我实现的渴望，人们也将这种渴望同表现主义统一起来。这可以被视为是一种愿望，"注重内心生活，然后基本不依赖于所有的外部条件，纯粹发自内心的去创造、去生活"[2]。确切地说，"在超出人的本性和理想之外还存在着一种最深层的精神，这种精神在现象中的体现仅仅同在艺术和生活中对表达意愿的最终追求是相符合的"[3]。

前面已清楚地解释过，凯泽林环球旅行的主要动机就是对自我实现的追求，他也用"内在化""深化""转变""完美极致""完善""精神理解"和"精神实现"这些词来对此加以解释，但是凯泽林认为这些只有通过哲学才能实现。凯泽林批判性地继承了古希腊哲学思想（毕达哥拉斯主义和普罗提诺）和东方智慧，想借此来重新获得哲学智慧维度。智慧和哲人的理想应当超出专业科学和宗教教条的制约，实现对生活性认知和认知性生活的统一。1920年凯泽林在达姆施塔特创立了智慧学院，通过此学院，哲学家和智慧可以发挥其影响作用。

这对凯泽林来说并不意味着对目前所达到的思考能力的重新了解或者说是一种限制，而是对人认知能力的扩展、深化以及充分利用，这样可以使人发生整体性的转变。凯泽林将哲学视为智慧，创造性的认知，可以繁殖和传播的精神（逻各斯的种子），生动的阐释，一种认知性的

---

1 Kai u.a.Buchholz（Hg.）, *Die Lebensform. Entwürfe zur Neugestaltung von Leben und Kunst um 1900*, S.191-192.

2 SE, S.38.

3 SE, S.38.

生活。[1]凯泽林把对智慧的理解同他对精神以及对精神的理解、阐释和实现结合在一起，其目的是对现实有一个整体形式的认知，一种简单直接的理解，换言之，也就是对显而易见的事情的理解。

这种形式的自我理解、认识、领悟以及深化不同于理智的理解，也被认为是一个创造性的过程[2]，通过这种自我理解而实现的内在化和专注可以使人焕发活力，因此最终也会产生一种新的现实。这里也再次印证了数千年以来的经验：当认识和理解的活力充足且时间够长的话，那必然会产生与之相符的现实。"这也是所有高等教育、苦行主义、祈祷练习和瑜伽存在的基础。"[3]

尽管对凯泽林来说，东方的智慧理想、更加深度化的思考以及通过对事物的理解来获取知识都是可以效仿的典范[4]，但同时他对智慧学院的定位又是西方化的，凯泽林认为智慧学院应当"强调人的自由个性"[5]，重视人的自由个性，这是智慧学院的目标，以这种形式是东方所不能了解的。借此也能同完全认知自由的理想[6]联系在一起，这种理想同传统也是密不可分的。到目前为止的所有智慧都是对先前已经确定了的真理的一种体现，但现如今它们受到了理智更为批判的检验，自然就不会被轻易地认同和接受。凯泽林旨在把智慧以一种有深度且内在化的方式变成

---

1 Ute Gahlings, *Hermann Graf Keyserling: Ein Lebensbild*, S.137.
2 SE, S.205, 235, 236.
3 SE, S.194.
4 SE, S.238.
5 SE, S.238.
6 SE, S.138.

公开性的知识，并对人们的生活产生影响。

首先引起我注意的是：凯泽林在他所处的那个时期乐于接受其他文化，他抛开民族主义，从自身出发，在反思中恰如其分地去观察。文化在原则上被认为是享有同等权利的精神，是实现文化和个人形态的途径。了解其他的文化一方面可以有意识地拥护自己的文化，另一方面也有可能形成新的文化。凯泽林对儒家和道家思想做出了许多具体评价（比如：宇宙主义思想，缺乏个体主义和个人创造力，对道家清静无为主义的批判，缺乏形而上学），在这些评价中他表达了那个时期的流行观点，这些评价现在在社会上是站不住脚的，在之前需要评判或是已经进行过审查。凯泽林对不同文化的接受也体现了评价与增加阅历之间的平衡以及对自己传统文化进行反思的重要性，这样才能够有目的、有选择性地丰富自己的知识。同他人交往中自我实现和自我改变的主要动机，追求一种在别人看来是自我可能性，是能够发现和获得自己能力的行动，这些对于现今的跨文化交流具有重要意义。把哲学融入更大的文化维度（社会环境、气候、日常生活、饮食、穿着、生活习惯、宗教信仰、艺术、对话等）中的观点，以及对这种观点的认真对待和探讨也正是预先指向了文化哲学的当下讨论。这些同游记中的文学表达联系在一起被视为哲学研究的一种形式。由此看来，对具体化的中国文化理想和专注的看法是最具重要意义的，因为，一方面它们在哲学和生活智慧中重视实践，另一方面在精神训练方面也采用了必要的冥想的方法。凯泽林的生活哲学智慧在秘教与科学之间、大学与教堂之间以及带有异域色彩的现象与表面的科学描述之间波动，这其中的危险凯泽林自己绝对是知道的，但他视其为不可避免的。从凯泽林对哲学、生活方式和生活艺术实现方法问题的研究，对跨文化交流中自我转变问题的研究，对哲学能在多大程度上吸收对身体和冥想的训练方法的研究看来，凯泽林可以被视为跨文化哲学的先驱。

编后记

    一年一届的德华论坛，是青岛德华文化研究中心的大事。4位主讲嘉宾，4位评论嘉宾，20余位参与讨论的各地专家，再加上闻讯前来参与的学生和市民，场面很是热闹。这样的规模，在习惯了各式国际会议的今天，虽算不上盛大，可也不小了。德华是国内尚不多见的民间学术机构，首次召开此类论坛，前前后后的安排和接待，费心费事自不待言。要紧的还是，论坛取得了相当不错的效果，对卫礼贤研究、对中德文化交流，做了一点固然微薄却也实实在在的贡献。这体现在4场精彩的报告当中，体现在中外学者富有张力而又愉快的思想交锋当中，也体现在青岛文化界热情友好的反响当中。而所有这些又都以文字的形式体现在眼下这本文集当中。

    此次论坛和这本文集的最大特点，是从多个学科的交叉视角出发，对卫礼贤和他的汉典德译做了一次立体的考察。虽然题为"卫礼贤与汉学"，可并不局限于汉学，正如卫礼贤的意义不能局限于他那富有争议的汉学家身份一样。4次报告依次从德语文学（顾彬）、汉语神学（费乐仁）、思想史（叶隽）和哲学（范劲）的角度勘察了卫礼贤的思想世界。这种交叉视角尤能展现卫礼贤思想光谱的丰富性和复杂性，这在评论和讨论环节体现得尤为突出。举例来说，司马涛在对费乐仁的评论中强调，卫礼贤和同时代的斯宾格勒、凯泽林一样，都对西方文化抱有深刻的危机意识，在这种精神氛围中，把易经翻译成德语，事实上是要为西方提供一种新的宗教；和卫礼贤一样同为汉学家和翻译家的顾彬以"圣犬"为题做报告，在冯晓虎的评论中，演讲标题"圣犬"渐渐展现为翻译家的身份隐喻，展现为卫礼贤的另一个面相；辜学武在对叶隽的评论中，质疑辜鸿铭的文化姿态，提出"辜鸿铭和卫礼贤"的交流实质上是"西西交流"，而不是"东西交流"；孙周兴在对范劲的评论中指出，百年来我们久已习惯"古今中西"的问题框架，可如今我们的生存方式既是中国的又是西方的，这一分析框架是否仍然有效，大有反思的必要。如果说司马教授和冯教授的评论是对报告的引申和补充的话，那么辜、孙二教授所发，皆可谓尖锐的釜底抽薪之论，对叶、范二教授做了同样精彩的回应。这些论辩和报告一样，是论坛的有机组成部分，因此我们尽可能做了整理（4个评论整理自录音，都经过专家本人的审订），虽然无法还原当时的气氛和辩论细节、核心要旨，读者仍能从中窥得大概。

无论有几重视角，"卫礼贤与汉学"的话题，显然并非一次论坛可以穷尽。参与论坛的德国汉学家司马涛教授和何心鹏博士对这个领域其实都有自己的研究，为弥补论坛形式的限制，也为了进一步丰富视角，文集特地收录了他们的相关文章。

最后需要说明，此次论坛由青岛德华文化研究中心，联合同济大学欧洲思想文化研究院、青岛大学哲学与历史学院，于 2016 年 9 月 10 日至 11 日在青岛大学共同举办。要感谢海青文杰集团董事长、青岛德华文化研究中心理事会主席姚怡女士的慷慨支持，感谢山东大学哲学与社会发展学院、青岛市德国研究会、青岛市档案馆、青岛日报社、中国海洋大学、青岛市第九中学等单位的热情参与，感谢青岛大学郭金鸿教授、张义生博士两位老师在会务上的帮助，感谢青岛市第九中学侯芸书记领我们参观了礼贤书院旧址。叶隽教授除了精心准备报告之外，还在论坛组织上给予我们诸多建议；青岛教育史专家翟广顺先生，帮我们多方联络，邀请当地文化界人士，还向全场赠送了 50 万字专著《卫礼贤与近代青岛新式学校教育研究》（青岛出版社，2015 年），在此特别致谢。卫礼贤不仅是"中国在西方的精神使者"，还是为中国现代教育做出卓越贡献的教育家。我们有意将论坛开幕安排在 9 月 10 日教师节这天，也有这一层用意在。卫礼贤，他的汉典德译、他的文化忧患和他的教育事业，值得一再回顾。我们相信，这种回顾不只是纪念，更是承继，是重新进入当下、打开未来的努力。

编　者
2017 年 2 月

欧洲文化丛书已出书目

德意志思想评论系列
《德意志思想评论》第六卷　　孙周兴　陈家琪　主编
《德意志思想评论》第七卷　　孙周兴　陈家琪　主编
《德意志思想评论》第八卷　　孙周兴　陈家琪　主编
《德意志思想评论》第九卷　　孙周兴　陈家琪　主编
《德意志思想评论》第十卷　　孙周兴　陈家琪　主编
《德意志思想评论》第十一卷　孙周兴　陈家琪　主编
《德意志思想评论》第十二卷　孙周兴　陈家琪　主编
《德意志思想评论》第十三卷　孙周兴　陈家琪　主编

法国理论系列
《法国理论》第六卷　　陆兴华　张永胜　主编

文艺复兴思想评论系列
《文艺复兴思想评论》第一卷　　徐卫翔　韩潮　主编

青岛德华系列
《卫礼贤与汉学——首届青岛德华论坛文集》　　余明锋　张振华　编

其他
《德法之争：伽达默尔与德里达的对话》　　〔德〕伽达默尔　〔法〕德里达等　著
　　　　　　　　　　　　　　　　　　　　孙周兴　孙善春　译
《特拉克尔诗集》　　〔奥〕特拉克尔　著　先刚　译
《维特根斯坦与维也纳学派》　〔奥〕维特根斯坦　著
　　　　　　　　　　　　　〔奥〕弗里德里希·魏斯曼　记录
　　　　　　　　　　　　　徐为民　孙善春　译
《本源与意义——前期海德格尔与现象学研究》　梁家荣　著
《斗争与和谐——海德格尔对早期希腊思想的阐释》　张振华　著
《存在哲学与中国当代思想》　　孙周兴　贾冬阳　主编